VENTE DES 28, 29, 30 NOVEMBRE ET 1er DÉCEMBRE 1909

HOTEL DROUOT — SALLE N° 8

CATALOGUE

DE LA

COLLECTION

de feu M. MALLET, du Hâvre

LIVRES ANCIENS & MODERNES

sur les Lettres, les Sciences et les Arts

IMPORTANTE RÉUNION DE CARICATURES

DESSINS, AQUARELLES, LITHOGRAPHIES, ALBUMS

JOURNAUX SATIRIQUES ILLUSTRÉS, ETC,

sur les Mœurs, le Théâtre, les Evènements Historiques

les Hommes politiques, etc., de 1789 à nos jours

BROCHURES, DOCUMENTS, JOURNAUX, AFFICHES

CHANSONS, PLACARDS

SUR

la Révolution, le Premier Empire, la Restauration

la Monarchie de Juillet, la République de 1848

le Second Empire, la Guerre de 1870-71, la Commune

la Troisième République

COMMISSAIRE-PRISEUR

EMMANUEL ORIGET

3, Boulevard Sébastopol, 3, PARIS

EXPERT-LIBRAIRE

ALBERT DU MAY

14 bis, Rue St-Georges, 14 bis, PARIS

1909

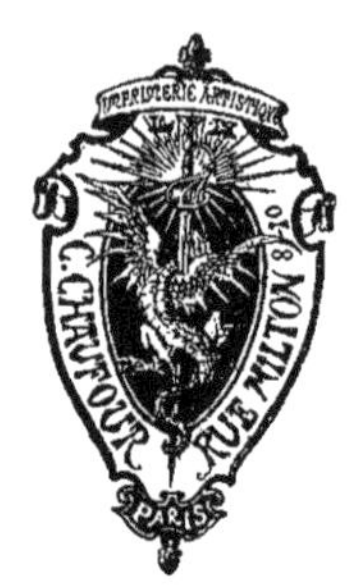
IMPRIMERIE ARTISTIQUE
C. CHAUFOUR
RUE MILTON 8 T.O.
PARIS

CATALOGUE

DE LA

COLLECTION

DE FEU

Monsieur MALLET, du Hàvre

CATALOGUE

DE LA

COLLECTION

DE FEU

Monsieur MALLET, du Hâvre

LIVRES ANCIENS & MODERNES

sur les Lettres, les Sciences et les Arts

Importante Réunion de Caricatures

Dessins, Aquarelles, Lithographies, Albums, Journaux satiriques illustrés, etc.

SUR LES MŒURS, LE THÉATRE, LES ÉVÈNEMENTS HISTORIQUES
LES HOMMES POLITIQUES, ETC., DE 1789 A NOS JOURS

BROCHURES, DOCUMENTS, JOURNAUX, AFFICHES, CHANSONS, PLACARDS

SUR

LA RÉVOLUTION, LE PREMIER EMPIRE, LA RESTAURATION
LA MONARCHIE DE JUILLET, LA RÉPUBLIQUE DE 1848
LE SECOND EMPIRE, LA GUERRE DE 1870-71, LA COMMUNE
LA TROISIÈME RÉPUBLIQUE

Dont la VENTE AUX ENCHÈRES PUBLIQUES aura lieu

HOTEL DROUOT - SALLE N° 8

Lundi 29, Mardi 30 Novembre
et le Mercredi 1er Décembre 1909

A DEUX HEURES PRÉCISES DE RELEVÉE

Par le Ministère de Me Emmanuel ORIGET, Commissaire-Priseur
A PARIS — 3, Boulevard Sébastopol, 3

Assisté de M. Albert DU MAY, Expert-Libraire
A PARIS — 14bis, Rue Saint-Georges, 14bis

CHEZ LESQUELS SE DISTRIBUE LE CATALOGUE

EXPOSITION PUBLIQUE : le Dimanche 28 Novembre de 2 h. à 5 h. 1/2

Au Comptant — Dix pour cent en sus des enchères

CONDITIONS DE LA VENTE

La Vente sera faite **EXPRESSÉMENT** au comptant.

Les Acquéreurs paieront *Dix pour Cent* en sus des enchères.

Les désignations étant présumées faites avec soin, l'adjudication ne pourra être annulée pour fautes ou imperfections de description ou d'impression.

L'Expert se réserve le droit (*dans l'intérêt de la vente*), de diviser ou de grouper les nos du Catalogue.

M. A. du MAY, exécutera aux conditions d'usage, les ordres qui lui seront confiés, au mieux des intérêts de l'acheteur; celui-ci devra cependant indiquer la limite qu'il est disposé à payer en tenant compte des 10 0[0 et remettre couverture d'avance.

Il ne sera admis aucune réclamation, une fois l'adjudication prononcée.

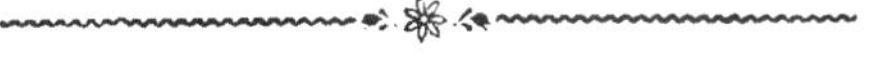

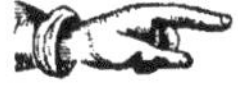

Voir l'ordre des vacations au verso.

ORDRE DES VACATIONS

EXPOSITION PUBLIQUE

Le Dimanche 28 Novembre 1909

de 2 heures à 5 heures 1/2

Lundi 29 Novembre. — Deuxième Partie.

(Du nº 177 au nº 399 inc.)

Mardi 30 Novembre. — Fin de la Deuxième Partie.

1º — *(Du nº 400 au nº 447 inc.)*

2º — Première Partie : *(Du nº 1 au nº 130 inc.)*

Mercredi 1er Décembre. — Fin de la Première Partie

1º — *Du nº 131 au nº 176 inc.*

2º — Livres anciens et modernes. — **Manuscrits Persans.**
(Voir la notice, jointe au présent catalogue).

PREMIÈRE PARTIE

PREMIÈRE PARTIE

BIBLIOTHÈQUE

N.-B. — *Sauf avis contraire, toutes les pièces décrites* (**Livres, Gravures, etc.**) *sont en parfait état de conservation.*

DÉSIGNATION

1. **Abailard et Héloïse.** — Lettres d'Abailard et d'Héloïse, traduites sur les manusc. de la Biblioth. royale, par **E. Odoul**, précédées d'un Essai historique par **M. et Mme Guizot**, édit. illust. par **J. Gigoux**. *Paris, E. Houdaille*, 1839, 2 vol. in-8, rel. en velours de Gênes, n. rog. (*Rel. fatiguée*) (**Lemardeley**).

2. **Abrégé** de l'histoire Romaine. *Paris, Nyon*, 1789. 1 vol. in-4, rel. veau (*49 Estampes*).

3. **Alexandre** (Arsène). — H. Daumier, l'homme et l'œuvre. *Paris, Laurens*, 1888, 1 vol. in-8°, br. *Fig.*).

4. **Aline et Valcour** ou le roman philosophique écrit à la Bastille un an avant la Révolution. *Paris, Veuve Girouard*, 1795, 4 vol. in-12, dem.-rel. (*16 Fig.*).

5. **Idem.** — 4 vol. in-12, dem.-rel. veau.

6. **Arioste** (L'). — Roland furieux, trad. **d'Ussieux.** *Paris, Brunet*, 1775, 4 vol. in-8°, dem.-rel. (*Fig. de* **Cochin**, *avant la lettre*).

7. **Arnould et Alboize du Pujol.** — Histoire de la Bastille. *Paris*, 1844, 8 vol. in-8°, dem.-rel. (*Grav. sur acier*).

8. **Aventures** et espiègleries de Lazarille de Tormes écrites par lui-même et orn. de 40 grav. dess. et grav. par **M. Ransonnette.** *Paris, Didot*, 1801, 2 vol. in-8°, rel. veau.

9. **Barthélemy** (l'Abbé). — Voyage du jeune Anacharsis en Grèce. *Paris, E. Ledoux*, 1824, 7 vol. in-8° et 1 atlas in-4°, dem -rel. veau.

10. **Beaumont** (Mme de). — Lettres d'Emérance à Lucie. *Londres, Nourse*, 1765, 2 vol. in-12, plein mar. La Val., dos et pl. orné., dent. int.

11 et 12. **Belleval** (Marg.). Les Sceaux de Ponthieu. *Paris, Em. Lechevalier*, 1896, 1 vol. in-4°, br.

Ex. n° **86** (sur 300). Nomb. planch.

13. **Bibliothéca Catologica.** *Scatapolis*, 5850, 1 vol. in-8°, cart. bradel, non rogné., couv. imp.

14. **Biographie** des hommes vivants par une Société de Gens de lettres et de Savants. *Paris, Michaud*, 1816, 5 vol. in-8°, dem.-rel. (*Nomb. Port.*).

15. **Bons Contes** (Les) ou les 300 leçons de Lampsaque. *Bruxelles, Kistemaeckers*, 1882 (Réimp. sur l'Edit. de Londres de 1760), 1 vol. in-8°, br.

16. **Borely** (A. E.). — Histoire de la ville du Havre. *Le Havre, Lepelletier*, 1880, 5 vol. in-8°, br. couv.

17. **Calotine** (La) ou la Tentation de Saint-Antoine. Poème Epi-Cyni-Satyri-Héroy-comique et burlesque. *A. Menphis, L'an 5800*, 1 vol. in-16, mar. rouge. (*Rel. ancienne*).

18. **Cancans politiques.** *s. l. n. d.*, 1 vol. in 8°, dem.-rel.

19. **Cassette verte** (La) de M. de Sartine trouvée chez Mlle du Thé. *La Haye*, 1789 (5e édit.), 1 plaq. in-8° dem.-rel.

Pamphlet contre la comtesse **Dubarry**.

20. **Champfleury.** — Histoire de la caricature de l'antiquité à la période contemp. — Le Musée secret de la caricature. — Histoire de l'Imagerie populaire. *Paris, Dentu*, 1865-88. Ens. 7 vol. in-12, br. (*Piqûres*).

21. **Champier** (V.). Les anciens Almanachs illustrés. *Paris, Frinzine*, 1 vol. in-f° en ff. dans un cart.

22. **Chasteté** (La) du Clergé dévoilé. *Rome*, 1790, 2 vol. in-8°, rel. pl. chag.

23. **Choderlos de Laclos**. — Les liaisons dangereuses. *Londres*, 1796, 2 vol. in-8°, demi mar. cit., coins, dos orn. (*Fig. avant la lettre*).

24. **Collin de Plancy**. — Dictionnaire infernal. *Paris, de Mongie*, 1825, 2' édit., 4 vol. texte et 1 vol. renf. les 12 pl. — Ens. 5 vol. in-8°, br., couv.

25. **Contes** et Nouvelles en vers. *Rouen, Lemonnyer*, 1878, 2 vol. in-8°, br.

26. **Courrier** (P.-L.). OEuvre, préf. de **F. Sarcey**. *Paris, Jouaust*, 1876, 3 vol. in-8° br.

27. **Crébillon**. — OEuvres (Fig.). *Paris, Stéréotype d'Herhan*, 1802, 3 vol. in-12, pleine rel., dos et pl. orn., dent. int. (**Thouvenin**).

28. **Idem**. — OEuvres complètes. *Paris*, 1785, 3 vol. in-8°, cart. brad. (*Fig.*).

29. **Crimes** (Les) de l'Amour par **D. A. F. Sade**. *Paris, Massé*, an VIII, 4 vol. in-12, cart.

Le tome 4° possède le dessin original du frontispice avec légende autog. du Marq. de **Sade**.

30. **Idem**. — 4 vol. in-12, rel. demi-mar. cit. (*Fig.*).

31. **Daniel**. — Abrégé de l'histoire de la Milice française. *Paris*, 1773, 2 vol. in-12, dem.-rel. veau fauve, coins (*Fig.*).

32. **Daru** (le Père).— Histoire de la République de Venise. *Paris, F. Didot*, 1819, 7 vol. in-8°, cart. brad., n. r.

33. **Daumier** (H.). — Les Cent et un Robert Macaire. *Paris, Aubert*, 1839, 2 vol. in-4°, dem.-rel. mar. poli, coins, tête dorée, ébarb, (**Durwand**).

34. **David** (F.-A.). — Antiquités d'Herculanum, grav. par David. *Paris, David*, 1780, 12 vol. in-8°, dem.-rel.

35. **Délices de Leide** (Les). — 1712, 1 vol. in-12, rel. pl. mar. (*Fig.*).

36. **Demoustier**. — Lettres à Emilie sur la Mythologie. *Paris, Nicolle*, 1816, 6 vol. in-16, br. (*Couv. muette*).

Edit. orn. de 62 Fig.

37. **Desnoyers** (L.). Les Aventures de Jean-Paul Choppart. *Paris, Aubert et Bureau*, 1836 (3e édit.), 2 vol. in-12, dem.-rel. (*5 lith. de* **H. Daumier**).

38. **Dictionnaire** contenant les Anecdotes historiques de l'amour depuis le commencement du Monde jusqu'à ce jour. *Troyes Goblet*, 1811 (2e édit.), 5 vol. in-8°, br. (*Couv. muette*).

39. **Idem**. — *Paris*, 1832, 5 vol. in-8°, dem.-rel.

40. **Documents sur la Caricature**.— Les Maitres de la Caricature française, au XIXe siècle. *Paris, Quentin*, in-4° br. — La Caricature en Angleterre par **A. Filon**, 1 vol. in-12 br. — Etudes sur Gavarni par **Duplessis**. *Rapilly*, 1876. — Ens. 3 vol. de form. div. br.

41. **Dufour**. — Atlas des Champignons. *Paris, P. Klincksieck*, 1891, 80 pl. renf. dans un cart.

42. **Dulaurens** (l'Abbé). La Chandelle d'Arras. *Paris, Egasse*, 1807, 1 vol. in-12, dem.-rel. (*Fig.*).

43. **Etourdi** (L'). — Romans d'aventures. *Lampsaque*, 1784, 1 vol. in-12, mar. rouge, dent. int., tr. dor. (**Hardy**).

44. **Femmes** (Les) de **Shakespeare**. *Paris, Pick*, 1860, 2 vol., in-8°, br., couv.

45. **Fertiault**. — Les Amoureux du livre. *Paris, Claudin*, 1877, 1 vol. in-8°, br.

L'un des 120 exempl. (**n° 66**) tiré sur grand papier vergé teinté. — Deux états des eaux-fortes dont un sur **Japon**.

46. **Floux** (Jean). — Les Maîtresses, illust. de **J. Béraud, Max Faivre, Giacomelli**, etc. *Paris, de Brunhoff*, 1886, 1 vol in-8°, demi-rel. mar., fil. en long.

47. **Fond du sac**. — Recueil de contes en vers. *Rouen, Lemonnyer*, 1879, 2 vol. in-8°, br.

48. **Fourier** (Ch.). — Œuvres complètes. *Paris*, 1846 (*3e édit.*), 6 vol. in-8°, demi-rel. chag.

49. **Fromaget**. — Le Cousin de Mahomet. *Constantinople*, 1781, 2 vol. form. Cazin rel. veau (*Fig.*).

50. **Galerie** (La) des Etats Généraux et des Dames françaises. *1790*, 1 vol. in-8° demi-rel. veau, coins.

51. **Gavarni**. — Masques et visages. *Paris*, *Paulin*, 1857, 1 vol. in-8° cart. brad.

52. **Idem**. — Œuvres choisies. *Paris*, *Hetzel*, 1846, 4 vol. in-8°, demi-rel. brad., tête dor., ébarb., *couv. imp*.

53. **Gessner** (Salomon). Œuvres. *Paris*, *Renouard*, *an VII*, 4 vol. in-8°, demi-rel. mar. rouge, coins, tête dor., ébarb. (**Reparlier**).

Les fig. de **Moreau** sont en 2 états, avec et *avant* les légendes.

54. **Gœthe**. Les Souffrances du jeune Werther. *Paris*, *P. Didot*, 1809, 1 vol. in-8°, demi-rel. chag. à coins.

Les 3 fig. de **Moreau le Jeune** sont en 2 états (*avec et avant les légendes*).

55. **Goupil Fesquet**. — Voyage d'Horace Vernet en Orient. *Paris*, *Challamel*, *s. d.* 1 vol. in 8° cart. édit. (*16 lith. col.*).

56. **Grand-Carteret** (J.). La Femme en Allemagne. *Paris*, *Westhausser*, 1887, 1 vol. in-8°, br. (*Piqûres.*)

57. **Idem**. — Marionnettes et Guignols. *Paris*, *Juven*, 1 vol. in-4° broché.

58. **Idem**. — Les Mœurs et la Caricature en Allemagne, Autriche, Suisse. *Paris*, *Westhausser*, 1885. 1 vol. in-8°, br. (*Piqûres.*)

59. **Idem**. — Les Mœurs et la Caricature en France. *Paris*, *Westhausser*, 1888, 1 vol. in-4°, br. (*Piqûres.*)

60. **Idem**. en fasc. réun. dans 2 portef. in-4°.

61. **Grose** (François). — Principes de caricature suivis d'un essai sur la peinture comique (29 pl.) *Leipsig*, 1 vol. in-8°, demi-rel.

62. **Gudin** (P.). — Histoire ou recherches sur l'origine des contes. *Paris*, 1803, 2 vol. in-8°, cart. (*Pap. vél.*)

63. **Hamilton** (Ant.). — Œuvres. *Paris*, *Renouard*, 1812, 3 vol. in-8°, cart. brad. (*Fig. de* **Choquet**.)

64. **Haudricourt** (D'). — Fastes de la Nation française. *Paris*, *Decrouan*, 3 vol. in-4°, cart.

65. **Hic et Hec**. — *Berlin*, 1798, 2 t. en 1 vol. in-12, rel. pl. mar. cit., dos orné, dent. int. (*Hardy*.)

66. **Histoire** du donjon et du château de Vincennes. *Paris*, 1807, 3 vol. in-8°, demi-rel.

67. **Histoire** des Ordres militaires. *Amsterdam, P. Brunel*, 1721, 4 vol. in-12, rel. veau fauve.

Ouv. renf. de nomb. port., armoiries sur les pl. de la rel. et *Ex-libris*.

68. **Idem**. — 4 vol. in-12, demi-rel.

69. **Histoire** des Papes. *Paris*, 1843, 5 vol. in-8°, demi-rel. (*Grav. sur acier.*)

70. Histoire de Russie représentée par des fig. grav. par **F.-A. David**. *Paris, Leblanc*, 1813, 1 vol. in-4°, demi-rel.

71. **Hugo** (V.). — Œuvres. Légendes des siècles, 2 vol.; Odes et Ballades, 2 vol.; Les Quatre vents de l'esprit, 2 vol.; Pape et Pitié suprême, etc., 1 vol.; Contemplations, 2 vol ; Art d'être grand-père, 1 vol.; N.-D. de Paris, 2 vol.; Légendes des siècles, 2 vol; Théâtre, 4 vol.; Feuilles d'automne, 1 vol.; Châtiments, 1 vol.; Année terrible, 1 vol.; Chansons des rues et des bois, 1 vol.; Les Rayons et les Ombres, 1 vol. *Paris, Lemerre*, 1875-88. — Ens. 23 vol. in-12, br., n. c.

72. **La Fontaine**. — Contes et Nouvelles. *Rouen, Lemonnyer*, 1879, 2 vol. in-8°, br., couv.

Exempl. tiré sur papier de Hollande (**n° 289**) avec la suite des **75** grav. et portrait dessinés par **Chasselat, Desenne, Desrais, Duplessis-Bertaux**, etc. (*Paris, Nepveu*, 1820.)

73. **Idem**. — Fables. Edit. Bijou, illust. par David, Th. Johannot, V. Adam, Grenier, Schaal. *Paris, Didier*, 1842, 2 vol. in-12 en liv.

Ex. lavé, posséd. les couv. des liv. de chez **Aubert**.

74. **Idem**. — Œuvres complètes avec notes sur sa vie et ses œuvres, par **C.-A. Walckenner**. *Paris, Nepveu*, 1821, 18 vol. in-12, br., couv. muette (*120 fig.*).

75. **Lamartine** (Alph. de). — Histoire des Girondins. *Paris, Furne et Pagnerre*, 1848, 8 vol. in-8° br. (*10 port. d'après Raffet.*)

76. **Lavallée** (J.). — Histoire des inquisitions religieuses. *Paris, Capelle et Renaud*, 1809, 2 vol. in-8°, veau rac. (6 pl.).

77. **Le Bailly**. — Fables. *Paris, J. Brière*, 1823 (*4e édit.*), 1 vol. in-8°, br.

78. **Leber.** — Des Cérémonies du Sacre. *Paris, Baudouin,* 1825, 1 vol, in-8°, cart.

79. **Leroux de Lincy.** — Les Femmes célèbres de l'ancienne France. *Paris, Leroi,* 1847, 1 vol. in-4° cart. (*40 pl. col. de Lanté et Gatine*).

80. **Livre d'Heures** satirique et libertin du XIXe siècle. *Bruxelles, Kistemaeckers,* 1 vol. in-12, br.

81. **Liskenne et Sauvan.** — Bibliothèque historique et militaire. *Paris,* 1851, 7 vol. texte et 2 atlas. — Ens. 9 vol. in-8° et in 4°, demi-rel. chag.

82. **Llorente** (J.-A.). — Histoire critique de l'inquisition d'Espagne. *Paris, Treuttel et Würtz,* 1818, 4 vol. in-8°, demi-rel. chag.

83. **Lovenjoul** (Vicomte de Spoelberch). — Histoire des Œuvres de H. de Balzac. *Paris, Calmann-Lévy,* 1888, 1 vol. in-8°, broché.

84. **Lucette,** par M. N***. *Londres, Jean Nourse,* 1755, 1 vol. in-12, rel. veau

85. **Maindron** (E.). — Les Affiches illustrées. *Paris, Launette,* 1886, 1 vol. in-4° br.

86. **Marat** (J.-P.). — Un Roman de cœur publ. par le biblioph. **Jacob.** *Paris, Chlendowski,* 1848, 2 vol. in-8° cart., n. r. (**Pouillet.**)

87. **Maréchal** (Sylv.). — Le Panthéon ou les figures de la fable avec leurs historiques, *Paris,* 1796, 1 vol. in-8°, cart.

88. **Méry, Félix, Staal.** — Muses et Fées. Histoire des femmes mythologiques. *Paris, Martinon, s. d.,* 1 vol. in-8°, cart.

89. **Mœurs,** Usages, Costumes des Othomans. *Paris, Nepveu,* 1812, 6 vol. in-18 cart. (72 pl. col.)

90. **Montifaud** (Marc de). — Entre Messe et Vêpres. — Les Nouvelles drôlatiques. *Paris,* 1880, 17 plaq. in-18, br.

91. **Morlent** (J.). — Le Havre ancien et moderne et ses environs. — *Le Havre et Paris, Chapelle et Pillet, 1825,* 2 vol. in-8°, demi-rel. chag. (*2 lettres autog. de l'auteur*).

92. **Musset** (Alf.) et **Stahl** (P.-J.). — Voyage où il vous plaira. — *Paris, Marecq,* 1852, 1 vol. in-4°, cart. brad. (*couv. imp.*).

93. **Mythologie** (La) mise à la portée de tout le monde. *Paris, Didot jeune, An VII*. 12 vol. in-16, veau porphyre.
Ouv. orné de **100** fig. en noir et en couleur.

94. **Nerciat** (Chev. André de). — Contes nouveaux. *Liège*, 1777 1 vol. in-8° demi-rel. à coins.

95. **Nisard**. — Histoire des Livres populaires et de la littérature de colportage. *Paris, Dentu*, 2 vol. in-12 br.

96. **Palais-Royal** (Le) ou les filles en bonne fortune. *Paris*, 18?6, 1 vol. in-16 demi-rel. (*pl. col.*). — Complainte et réclamation d'une de ces demoiselles. *Paris*, 1830, plaq. in-8° cart.

97. **Parnasse libertin**. — 1772, 1 vol. in-12, rel. pl. mar. citr., dos orné dent. int. (*Hardy*).

98. **Parnasse Satyrique** du XIXe siècle. — *Bruxelles*, 1881, 3 vol. in-8°, br. (*Front. de Rops en 2 états*).

99. **Parny** (Ev.). — Œuvres complètes. *Paris, Hardouin et Gattey*, 1788, 2 vol. in-16, rel. veau (*Fig.*).

100. **Idem**. — Œuvres. *Paris, Dubray*, 1808, 5 vol. in-16, rel. veau, tr. d.

101. **Parent-Duchatelet**. — De la prostitution dans la Ville de Paris. *Paris, Baillière*, 1837, 2 vol. in-8° demi-rel. chag. (*Notes manusc. sur les titres et le port*).

102. **Passe-Temps** (Les) du boudoir ou recueil nouveau de Contes en vers. *Galipoly*, 1785, 1 vol. in-16, demi-rel. mar. citron, dos orn. (**David**).

103. **Peignot** (G.). — Amusements philologiques. Testaments curieux (2 vol.). — Ens. 3 vol. in-8° demi-rel. brad.

104. **Philippon** (Ch.) et **Huart** (L.). — Parodie du Juif errant. *Bruxelles*, 1845, 1 vol. in-8°, br. (*300 vign. de Cham*).

105. **Piron** (A.). — Œuvres choisies. *Londres*, 1797, 3 vol. in-16, rel. veau.

106. **Idem**. — Poésies diverses pour faire suite à toutes les édit. desquelles on a supprimé les pièces libres. *Londres*, 1779, 1 vol. in-8°, rel. veau.

107. **Plainte** et révélation nouvellement adressées par les filles de joie de Paris à la congrégation contre l'ordonnance de M. Mangin qui leur défend de circuler dans les rues pour offrir leurs charmes aux passants. *Paris, Garnier*, 1830, 1 plaq. in-8°, demi-rel. à coins (*1 Pl. col.*).

108. **Polissonniana** ou Recueil de Turlupinades. *Amsterdam*, 1725, 1 vol. in-12, demi-rel.

109. **Prévost** (l'abbé). — Histoire de Manon Lescaut. *Paris, E. Bourdin*, 1 vol. in-8°, br. couv.

110. **Idem.** — Manon Lescaut. Préf. de Guy de **Maupassant.** *Paris, Launette*, 1889, 1 vol. in-8° br.

111. Précis historique de la vie de Mad. la comt. Dubarry. *Paris*, 1774, 1 vol. in-12, demi-rel. (*Beau portrait*).

112. **Proudhon.** — Correspondance. *Paris, Lacroix*, 1875, 14 vol. in-8°, br.

113. **Idem.** — De la Justice dans la Révolution et dans l'Eglise. *Bruxelles*, 1860, 4 vol. in-12, demi-rel.

114. **Pujol** (M. de). — Galerie historique universelle, 1787, 2 vol. in-8° carré, mar. vert, poli, dent. int.

Ouv. renf. 144 pl. et provenant de la Bibl. **Destailleur** dont il possède *l'Ex-Libris*.

115. **Rabelais.** — Les quatre livres de maitre F. **Rabelais** avec les notes de **A. de Montaiglon** et **Louis Lacour**. *Paris, Jouaust*, 1868-72, 4 vol. — **Noël.** — Rabelais et son œuvre. *Paris, Jouaust*, 1870, 1 vol. — Ens. 5 vol. in-8°, plein mar. rouge, large dent sur les pl., dos orné, dent. int., tr. dor. (**Smers**).

Exemp. n° **273** tiré sur papier vergé auquel on a joint plus suites dont celles de **Bastien**, **Devéria**, etc.

116. **Rabelli** (Giacomo-Carlo). — Mascarades monastiques et religieuses de toutes les nations du Globe. *Paris*, 1793, 1 vol. in-8°, demi-rel. (*Fig. color.*).

117. **Recueil** général des proverbes dramatiques. — *Londres et Paris*, 1785, 16 vol. in-16, br. (*Couv. muette*).

118. **Rome** (La) des Papes par un ancien membre de la Constituante romaine (*Trad. de l'Italien*). *Bâle et Londres*, 1859, 3 vol. id-12, demi-rel. chag., tr. dor., coins (*Piqûres*).

119. **Scatologie.** — Le Nouveau Merd..., 1 vol. in-8° sur papier jaune (*Grav. et Phot. ajout.*).

120. **Sepet** (Marius). — Jeanne d'Arc. *Tours, Mame*, 1885, 1 vol. in-8°, br.

121. **Sérails de Londres** (Les). *Paris, Barba*, 1801, 4 vol. in-16, demi-rel. mar.

Exempl. possédant **4** fig. Cachet à la première page de chaque vol.

122. **Sermons** facétieux ou ridicules et anecdotes curieuses sur les prédicateurs. *Paris, Delarue, s. d.*, 1 vol. in-8° (*tiré sur papier rose*), demi-rel. mar., coins (**Belz-Niedrée**).

123. **Signol** (Alph.) et **Macaire** (Stan.). — Le Chiffonnier. *Paris, Renault*, 1831, 5 vol. in-12, cart. brad.

124. **Tissandier** (G.). — Histoire des ballons et des aéronautes célèbres. *Paris, Launette*, 1887, 2 vol. in-8°, br.

125. **Touchard-Lafosse.** — Histoire de Paris, *1833*, 5 vol. in-8°, demi-rel.

126. **Vaux** (Baron de). — Les Hommes d'Epée. *Paris, Rouveyre*, 1882, 1 vol. in-8°, br.

Exemp. n° **537** sur vergé. Planches sur papier de Hollande. Portraits tirés sur Chine.

127. **Vivant-Denon.** — L'Œuvre originale de Vivant-Denon. (*Coll. de 315 eaux-fortes*). *Paris, Barraud*, 1872, 30 liv. in-4°.

128. **Voltaire.** — La Pucelle d'Orléans. *Rouen, Lemonnyer*, 1880, 2 vol. in-8°, br.

129. **Wright** (Th.). — Histoire de la caricature et du grotesque dans la littérature et dans l'art. *Paris, Delahays*, 1875 (*2e Edit.*), 1 vol. in-8°, br. (*238 grav.*).

130. **Zacharie.** — Les quatre parties du jour. *Paris, Nyon*, 1781, 1 vol. in-8°, br.

CHANSONS

131. **Album Comique**. — Répertoire de Scènes, chansonnettes et romances. *Paris*, 1841-1850, 10 vol. in-12, cart. brad., n. r., couv. imp. (*Gravures*).

132. **A-propos**. — Les à-propos de Société ou Chansons de M. L. (*Paroles et Musique*). — Les à-propos de la Folie. — Chansons grotesques, grivoises et annonces de parades. *Paris*, 1776. — Ens. 3 vol. in-8, br. (*Couv. muette*).

133. **Bérat**. — Chansons de Fréd. **Bérat**. (Paroles et Musique). *Paris*, 1853, 1 vol. in-8°, cart. brad. n. r., couv. imp. (*Illust.*).

134. **Béranger**. — Chansons érotiques formant le tome V de ses œuvres. *Paris*, 1834, 1 vol. in 8°, br.

135. **Béranger**. — Les Gaietés (*sic*) de Béranger, 44 chans. érotiq. *Amsterdam*, 1864, 1 vol. in-12, demi-rel. à coins.

135 *bis*. **Idem**. — Chansons de P.-J. Béranger, Paris, Baudouin, 1827, 1 vol. in-16, rel. chag. (*Fig.*)

136. **Monnier** (Henri). — Album de 70 lith. col. pour illust. les chansons de Béranger.

137. **Chansons**. — Chansonnier du jour (*an IX*). — Sottes chansons, 1834. — Chansons populaires. — Chansons de P. **Avenel**, **Bruant**, **Mac-Nab**, **Meusy**, **Xanroff**, etc. Répertoire du Chat noir. — Ens. 3 vol. in-12 et in-8° br. et nomb. chans. class. dans des doss.

138. **Chansons** morales, sentimentales, satiriques, etc., ayant parues de 1825 à 1890.

Import. réunion de chansons classées dans *10 portef.* in-8°, dem. rel.

139. **Chansons.** — Répertoire contemporain de chansons, chansonnettes, monologues comiques, etc. — Répertoires **Valti** et autres.

Réunion de plus de 1.000 pièces classées dans *10 portef.* de form. div., dem. rel.

140. **Désaugier** (M.-A.). — Chansons et Poésies diverses (fig.). *Paris, Duffey et Delloye*, 1834, 4 vol. in-16, dem.-rel. veau ébarb.

141. **Dumersan** et **Colet.** — Chants et chansons populaires de la France (paroles et musique). *Paris, Garnier, s. d.* 4 vol. in-8° dem.-rel. mar. poli, coins, ébarb., couv. (*Ex-libris*).

142. **Dumersan** et **Noël Ségur.** — Chansons nationales et populaires de France. *Paris, Garnier, s. d.*, 2 vol. in-8°, demi-rel. mar. poli, coins, couv.

143. **Idem.** — Exempl. en liv. avec **48** grav. sur acier.

THÉATRE

PIÈCES, DOCUMENTS, ESTAMPES, GRAVURES

DESSINS ORIGINAUX

144. **Debureau.** — Histoire du Théâtre à quatre sous. *Paris, Gosselin*, 1833 (3e édit.), 2 vol. in-12 br. couv.

145. **Duranty.** — Théâtre des Marionnettes. *Paris, Charpentier*, 1880, 1 vol. in 8°, br. couv. (*Piqûres*).

146. **Le Brun.** Le Rossignol (Opéra-Comique). *Paris, chez l'auteur* (*vers 1825*), 1 vol. in-4, dem.-rel.

147. **Le Roux** (Hugues). Les Jeux du cirque et la vie foraine. Illust. de Garnier. *Paris, Plon*, 1 vol. in-4°, en liv. dans un cart.

Exempl. tiré sur papier du Japon (**n° 4**).

148. **Muses** (Les) du foyer de l'Opéra. *Bruxelles, Kistemaeckers*, 1 vol. in 8° br.

149. **Polichinelle.** — Drame en 3 actes, publ. par Tanneguy de Penhoët, ill. de 18 grav. par Cruishanck. *Paris*, 1836, 1 vol. in-12, cart. brad. n. r.

150. **Robert-Macaire.** — Pièce en 4 actes à laquelle on a ajouté : 1° 2 port. de Fréd. Lemaitre dont un par **Geoffroy**; 2° le n° 95 des 101 Robert-Macaire. 1 pl. in-8° demi-rel.

151. **Théâtre des Boulevards** ou recueil des parades, 1756, 3 vol. in-12, plein mar. poli, dos et pl. orn., dent. int. (*Quinet*)

152. **Théâtre.** Histoire des théâtres du Havre, par **Vesque**, 1875, 2 vol. in-8° br. — Le Cirque Franconi. *Lyon*, 1875. — Le Cirque Olympique, 1817. — Théâtre de Piron. 1753. — Procès Provence-Gaffney, défense en vers (1 grav.). — 22 pièces de théâtre. — Ens. 28 vol. et plaq. in-12 et in-8, br. cart. et rel.

153. **Touchard-Lafosse**. — Chroniques secrètes et galantes de l'Opéra, de 1667 à 1845. *Paris*, *Roux*, 1846, 4 vol. in 8° br. couv. imp.

154-155. **Bouchot.** — 24 dessins réh. et aq. de form. in-f° représentant dans leurs principaux rôles : Arnal, Beauvallet, Duprez, Gontier, Grassot, Leclère, Lepeintre, Mante, Odry, Tamburini, etc.

156. **Legénissel.** — 13 dessins réh. de form. in-f° représentant *devêtues* et en charge : Damouchille, Desbrosses, Essler, Françoise Auriol, Grisi, Léontine, Pauline Leroux, Persiani, Stoly, Taglioni, etc.

157. **Idem.** — 19 dessins réh. de form. in-4° représentant *dévêtues* et en charge : Alphonsine Laurent, Auriol, Bourgoin, Desmousseaux, Eugénie, Fergueil, Mlle Georges, Grisi, Mlle Gros, Mlle Mars, Mme Rossini, etc.

158. **Portraits**. — Réunion de portraits d'acteurs et d'actrices.
59 pièces lith. et autres.

159. **Suite** de **44** grav. en noir pour illust. le *Théâtre anglais*.

160. **Affiches** et programmes des spectacles donnés par les troupes d'artistes de passage au Havre.

LIVRES EN LOTS

161. **Bibliographie.** Catalogue des ouvrages condamnés ou poursuivis de 1814 à 1843. — Notice bibliog. sur le Philobiblion de **Richard de Bury.** — Bibliog. des Journaux de Paris pendant la Commune. — Mémoire historique sur la bibliothèque dite de Bourgogne présentement bibliothèque publique de Bruxelles. — Ens. 4 vol. de form. div. rel. et br.

162. **Médecine et Divers.** — Tableau de l'amour conjugal, par **Venette** (*2 ex. dont 1 rel.*). — Système de la nature ou des lois du monde physique et du monde moral. *Londres*, 1775, 1 vol. in-8°. — L'anatomie **d'Heister,** (1724). — Ens. 5 vol. de form. div. rel. et br.

163. **Poésie et œuvres poétiques.** — La Gaudriole, 1821, in-12 (*2 ex.*). — Contes érotico-philosophiques, par **Beaufort-d'Auberval,** 1882, in-8°. — Poésies de **Bonneville,** 1793, in-8°. — Contes en vers par **P. de Kock**. — Nouvelles heures de repos par Th. **Le Breton.** *Rouen*, 1842. — Desserts de petits soupers agréables, 1755. — Poésies de **Gresset.** — Poésies de **Mouton-Vieu, Decorde, Chatenet. Durand, Bastide,** (*5 plaq. in-8° brad.*). — Le Balai. — La chandelle d'Arras, 1766. — Recueil de poésies : le Saphir, 1832, in-12, rel. rom. — The Mother's manual. *London*, 1833, fig. — Ens. 22 vol. de form. div. rel. cart. et br.

164. **Religions, Philosophie et Divers.** — Dialogue aux Enfers entre Machiavel et Montesquieu. — Explications des cérémonies de la Fête-Dieu d'Aix en Provence. *Aix*, 1777, in-12 br. (*Fig.*). — La Pornocratie. — L'Eglise et la morale, par **Dom Jacobus.** — Le Coran. — Le vrai christianisme. Ouv. divers de Proud'hon. — Histoire critique de Jésus-Christ. — Affaires de Rome. — Superstitions chrétiennes. — Vierges sages et vierges folles de **Esquiros,** etc. — Ens. 11 vol. de form. div. rel. et br.

165. **Religion et Clergé** (ouvrages contre). — La mort de Jeannot (*plaq.*). — Les curés en goguette (*plaq.*). — Les crimes des Papes par **Lavicomterie**, (1792, 9 grav. in-8°). — Les couvents par **L. Lurine**, 1846, in-8°. — Histoire critique de Jésus-Christ, (1798, in-8°). — Traité des 3 imposteurs, (1776, in-12). — Relat. remarq. du grand voyage du Pape au Paradis et en Enfer (1791, *plaq.*). — Gros Jean et son curé (1882, in-8°.) — La vie drôlatique des saints. — Le fils du Jésuite. — C'est nous qui fouettons ces vieux polissons. — Album anti-clérical. — Calotte et calottins (3 vol. in-8°). — Les évangiles annotés. — La Justice poursuivie par l'Église. — Les Actes des Apôtres. — La pucelle. — La belle dévote. — La religieuse. — La Bible dévoilée. — Les mystères du confessionnal. — Le manuel secret des confesseurs, etc. — Ens. 24 vol. de form. div. rel. et br.

166. **Ouvrages satiriques contre la Religion, le Clergé.** — Amours secrètes de Pie IX. — Bible amusante (*L. Taxil*). — Bible farce (*Le Petit*). — Bible pour rire (*Lavrate*). — Vies drôlatiques des saints (*Le Petit*). — Vie de Jésus (*L. Taxil*). — Mythologie tintamarresque. — Religion du crime. — *Ens. 8 ouv. en liv. réun. dans 15 portef. in-8°*, demi-rel.

167. **Romans, Contes, etc.** — Les choses comme elles sont, 1797, 2 vol. — Grivoisiana, Facétiana, Potiériana, Spectriana (*Fig.*). — Le Citateur, 2 vol. in-12. — Le compère Mathieu 1788, 3 vol. in-12. — Les nouvelles amoureuses. — Célestine ou la petite bonne. — Themidore ou mon histoire et celle de ma maîtresse, in-8°. — La morale des Sens. *Londres*, 1792, in-8°. — Portefeuille d'un talon rouge. — Idée sur les Romans, par **A. de Sade**. — Les droits du Seigneur par **Fellens**, 2 vol. in-12. — Dorci ou la bizarrerie du sort. — Carnet d'un mondain par Etincelle, 2 vol. in-12. — Le Calendrier de Vénus par **O. Uzanne**. — Raphaël et Gambrinus, 1886. — Catherine par **G. Feydeau**, 2 vol. — Le Palais-Royal, Hambourg, 1806, 2 vol. in-12. — L'infortunée Philope. *Rouen*, 1732 (fig.). — L'abbaye du Château de Graville par **Morlent**, 2 vol. in-18 (*2 ex.*). Eva de Vitenval — Sargines ou l'élève de l'amour, 1793. — Les femmes de l'Asie. — Tout vient à point qui sait attendre. *La Haye* 1775. — Jeanne et Louise. — Ens. 35 vol. de form. div. rel. et br.

DESSINS, ESTAMPES, PORTRAITS SUITES DE FIGURES, CARICATURES

168. **Benjamin.** — Le chemin de la postérité. *Paris*, *Aubert*, 2 caricatures des célébrités.
2 lith. en n. et coll. sur 2 cart. à développ.

169. Charges et caricatures contre le clergé, par **Klenck**, **Moloch**, **Pilotell**, etc.
27 pièces n. et col.

170. **Das alte und das Neue Testament.** — 180 pl. reproduisant les principales scènes de l'ancien et du nouveau Testament. *Vienne*, 1795-1804, 2 vol. in-8° cart.

171. **Figures** (Suites) pour illustrer *Les Mystères de Paris*, *Paul et Virginie*, *Psyché et Adonis*, etc. — Ens. 148 pièces grav. et lith.

171 *bis*. **Gavarni.** — 520 dessins avec leurs légendes. *Paris*, 1864, 1 vol. in-f° cart. (*Piqûres*).

172. **Gravures.** — Réunion de 132 pièces de form. div. grav. et lith. *Portraits*, *Scènes*, *Costumes*.

173. **Lossow** (H.). Triomphe de Cupidon. *Munich*, 1881, 1 album in-4°. demi-rel. renf. 12 planches.

174. **Portraits.** — Réunion d'environ 450 portraits in-8° grav. et lith. de célébrités du XIXe siècle. (*Hommes politiques*, *Littérateurs Philosophes*, etc.).

175. **Suites** de fig. pour illustrer les œuvres de **Ducis** et de **Parny**.
71 grav. avant et avec la lettre.

176. **Thomas.** — 3 dessins au lavis. Caricatures sur les Moines.

DEUXIÈME PARTIE

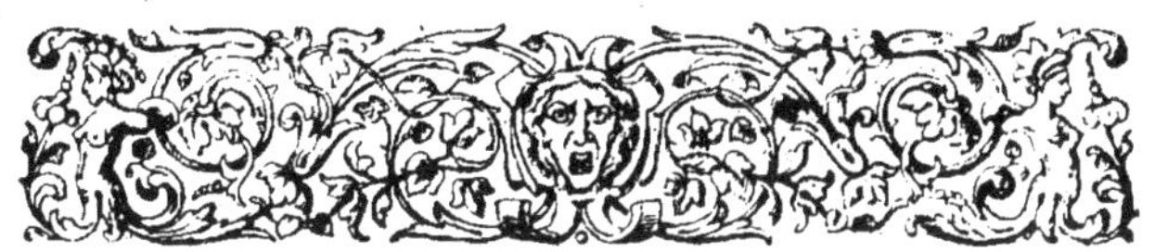

DEUXIÈME PARTIE

DOCUMENTS HISTORIQUES

RÉVOLUTION, EMPIRE RESTAURATION

I. LIVRES, BROCHURES

JOURNAUX POLITIQUES ET SATIRIQUES PLACARDS, AFFICHES, PAMPHLETS, CHANSONS

177. **Bougeart**. — Marat l'Ami du Peuple (2 vol.). — Danton, 1 vol. *Paris et Bruxelles*, 1861-65. — Ens. 3 vol. in-8°, demi-rel.

178. **Brochures**. — Réunion d'environ 100 brochures de form. div. réun, dans 3 portef. in-8°.

179. **Calendrier Républicain**. — *Paris*, *Dentu*, 12 liv. in-8° dans 2 portef., demi-rel.

180. **Caricatures politiques.** — *An VI*, 1 vol. in-12 de 18 pp., demi-rel. (*5 fig. col.*)

181. **Challamel** (A.) et **Ténint** (Wil.). — Les Français sous la Révolution *Paris, Challamel*, 1 vol. in-8°, demi-rel. (*Gravures.*)

182. **Idem.** — Histoire musée de la République Française. *Paris, Challamel*, 1842, 2 vol. in-8°, br.

183. **Idem.** — 2 vol. in-8°, cart.

184. **Champfleury.** — Histoire des faïences patriotiques sous la Révolution. *Paris, Dentu*, 1867, 1 vol. in-8°, br.

185. **Changement** de décoration ou Vue perspective de l'Assemblée nationale des Français (*4 caric. grav.*). *Au Champ de Mars, l'an II des horreurs populaires*, 1 plaq. in-8°, demi-rel.

186. **Chansons anciennes** ayant paru de 1789 à 1816.

Réunion de plus de 350 cahiers de chansons et chansonnettes politiques, satiriques, sentimentales, etc., classées dans 6 cart. de form. div., demi-rel.

187. **Charras** (Lieutenant-colonel). — Waterloo. *Bruxelles, Lacroix*, 1863 (4e édit.), 2 vol. in-8° (*dont 1 atlas*), demi-rel. chag.

188. **Chemises** (Les) rouges ou mémoires pour servir à l'histoire du règne des anarchistes. *Paris, Deroy et Maret, an VII*, 2 vol. in-12, cart. brad.

189. **Chèvremont** (F.). — Jean-Paul **Marat**. *Paris, chez l'auteur*, 1880, 2 vol. in 8°, br.

190. **Destruction** (La) de l'aristocratisme, drame en 5 actes et en prose. *Chantilly*, 1789, 1 vol. in-8°, br. (*5 grav. en taille-douce*).

191. **Etrennes** à la vérité ou Almanach des Aristocrates. *Spa*, 1790, 1 vol. in-8° (*2 ex.*) dont 1 relié et 1 broché.

192. **Gallois** (Léonard). — Histoire des Journaux et des Journalistes de la Révolution Française (1789-96). *Paris*, 1846, 2 vol. in-8° br. (*Nomb. port. ajout.*)

193. **Goldsmih.** — Histoire secrète du Cabinet Napoléon Buonaparte et de la Cour de Saint-Cloud. *Londres*, 1814 (2e édit.) 2 vol. in-8°, demi-rel. (*Portraits*.)

194. **Goncourt** (E. et J. de). — Histoire de la Société française pendant la Révolution. *Paris, Quantin*, 1889, 1 vol. in-4°, br. (*Héliog*.)

195. **Héricault** (D'). — La Révolution (1789). *Paris, Dumoulin*, 1883, 1 vol. in-8°, br.

196. **Jacobinéïde**. — Poème héroï-comi-civique. *Paris, au bureau des Sabats jacobites*, 1792, 1 vol. in-8°, demi rel. brad. (*Fig.*)

197. **Journal** en vaudevilles des Débats et des Décrets de l'Assemblée nationale (1790). 12 n[os] réun. dans 1 vol. in-8°, demi-rel.

198. **Journal**. Aux Voleurs, aux Voleurs! N°s 1 à 25, en feuilles.

199. **La Motte**. — Vie de Jeanne de Saint-Rémy de Valois, ci-devant comtesse de La Motte, écrite par elle-même. *Paris, Garnery, l'an I de la Républ.*, 2 vol. in-8°, rel. veau.

200. **Idem**. — *Londres*, 1789, 1 vol. in-8°, demi-rel. mar. poli. (*Portrait.*)

201. **Lanterne** (La) magique ou fléaux des aristocrates. *Berne*, 1790, 1 vol. in-16, demi-rel. à coins. *Fig. avant la lettre*.

202. **Mareschal** (A. M.). — Imagerie de la faïence française, assiettes à emblèmes patriotiques, comprenant la période révolutionnaire de 1750 à 1830. *Beauvais*, 1869, 1 vol. in-8°, broché.

203. **Marat** (J.-P.). — Les Chaînes de l'esclavage. *Paris, Marat, l'an I de la Républ.*, 1 vol. — **Idem**. *Paris, Havard*, 1833 1 vol. (2 ex.). — Ens. 3 vol. in-8° br.

204. **Masson** (F.). — Napoléon inconnu. *Paris, Ollendorff*, 1895, 2 vol. in-8°, br.

205. **Mélanges**. — Crimes secrets de Napoléon Buonaparte. *Bruxelles*, 1815. — Bonaparte par **Mario Proth**, *1869*. — Dictionnaire des Girouettes, *1815*. — Napoléon, drame en 5 actes, *1834*. — **Réimpression** du Journal de la Belgique, 1815, 28 n[os]. — Ens. 5 vol., plaq. et liv. de form. div. rel. et br.

206. **Mélanges**. — Notes et renseignements sur le fac-simile de la lettre de Charlotte de Corday à Barbaroux. — Dossier du procès criminel de Charlotte Corday devant le tribunal révolut. avec portrait et fac-simile. *Paris*, 1861, 2 plaq. en 1 vol, in-8°, demi-rel.

207. **Mélanges.** — Marat. Journal officiel de la Convention nat. — Histoire de la Révol. dans le Jura (*2 ex.*). — Les Placards de Marat. — Mémoires de l'exécuteur des hautes œuvres. — Cahier de l'Ordre de la Noblesse du baillage de Chalons-sur-Marne. — Histoire de Robespierre par **E. Hamel.** (*3 vol.* in-8°). — Etude révolutionnaire. — Philippe d'Orléans Egalité. — Procès de Hébert et consorts.— Chasse aux bêtes puantes. — Vie politique de Hébert. — La France républicaine. — Ode républic. — Les Etats-Généraux du Parnasse, ou 4 poèmes politiques. — La Grande joie du Père Duchêne. — Histoire du Duché de Normandie (*3 vol.*) — Les Hebertistes. — Poésies révolut. et contre révolut. — Procès de Marie-Antoinette. — Histoire d'une détention de 39 ans. — Almanach du Républicain. — Mémoires du chevalier de Ravanne (*4 vol.*). — Almanach de la Révolution française. — Thermidor. — La Jacobinéïde (*Grav.*). — Vie privée du duc de Chartres. — Le Théâtre de la Révolution. — Curiosités révolutionnaires (*2 ex.*). — Œuvres de Marat (*1869*). — Conjuration d'Orléans. — Etrennes de Mnémogyne (*1790*). — Procès criminel de Marie-Antoinette. — Histoire des Montagnards (*2 vol.*), etc. — Ens. 50 vol. et plaq. env. de form. div. rel., cart. et br.

208. **Mélanges**. — Vie privée amoureuse, secrète et authentique de Napoléon Bonaparte et des princes et princesses de sa famille. *Paris*, 1830, 2 vol. in-12, br. (*2 lith.*)

209. **Mémoires** d'un détenu pour servir à l'histoire de la tyrannie de Robespierre. *Paris*, *an III*, 1 vol. in-8° demi-rel. (*Port. ajout.*)

210. **Répertoire** ou Almanach historique de la Révolution française (fig.). *Paris*, *Lefort*, 1799, 4 vol. in-18, cart. bradel.

211. **Révolution Française.** — Poésies et chansons. *Paris*, *Rouanet*, 1839, 1 vol. in-8°, demi-rel.

212. **Rideau levé** (Le), ou les Intrigues des Royalistes et des fanatiques du canton de Cassel, dévoilées. L'an VI. 1 vol. in-8°, demi-rel.

213. **Thiers** (A.) et **Bodin** (F.). — Histoire de la Révolution française, accompagnée d'une histoire de la Révolution de 1355 ou des Etats-Généraux sous le roi Jean. *Paris, Lecointe et Durey*, 1823 *a* 1827, 10 vol. in-8°, demi mar. grenat, coins, dos orné, n. rog, couv. imp. (**Champs**).

Edition originale. Bel exempl. auquel on a ajouté : 1° la suite de **Johannot** et **Scheffer** composée de **100** fig., épreuves du 1er tirage (*sur papier de Chine*); 2° les **45** fig. de **Raffet**, avec les bois du Musée de la Révolution éditées par *Perrotin*.

214. **Tisset.** — Le Glaive vengeur de la Républ. française ou Galerie révolut. contenant les noms, prénoms, lieux de naissance, etc., de tous les grands conspirateurs et traîtres à la patrie, dont la tête est tombée sous le glaive national. *An II*, 1 vol. in-12, demi-rel.

Frontisp. représ. la guillotine. Nomb. portr. en tirages mod. ajoutés.

215. **Vilate.** — Causes secrètes de la Révolution du 9 Thermidor. *Paris, an III*, 1 vol. in-8°. rel. brad.

II. GRAVURES & CARICATURES

216. Assassinats de **Collot d'Herbois** et de **Michel Le Peletier.**
2 pièces en larg. manière noire.

217. Fondation de la République le 10 août 1792.
1 pièce en larg. col.

218. Réponce (*sic*) à l'auteur de la Chronique qui appelle bombe la bulle du Pape. — Le Biribi ou la belle.
2 pièces en larg. col.

219. Chevaliers du poignard désarmés par ordre du Roi.
1 pièce en larg. col.

220. Tableau des vicissitudes humaines. — L'Abbé Raynal. — Arrivée du Pape au Paradis. — La Religion et la Charte expulsant les Jésuites.
4 pièces en larg. col.

221. La France libre. — Il voudrait abattre (*sic*) ce qui les soutient. — Tableau civique.
3 pièces en larg. col.

222. Emjambée de la Sainte Famille, des Thuilleries (*sic*) à Montmédy. — Ne craigné (*sic*) rien, citoyen de Paris. — Le Conseil électoral.
3 pièces en larg. col.

223. La Contre-Révolution dédiée au cul-de-sac des noirs (2 ex.). Enterrement de Mantoue. — Grand Conseil des Emigrans.
4 pièces col.

224. Entre deux chaises, le cul par terre. — Light expelling Darkness. — Allemode School. — Congrès des Rois coalisés. — Almanach de Rébus et de Figures. — George, roi d'Angleterre commande son armée Royal Cruche. — Ah! ah! c'est l'Histoire de France depuis le 21 janv. 1793.
7 pièces col.

225. Affiche de vente des biens de condamnés. — Vive le Roi. — Prise de la Bastille (*Imagerie*). — Portrait de Louis XVI. — Histoire de la Révolution en tableau.

5 pièces noir et col.

226. Réveil du Tiers-Etat. — Ma fuite, pour ce coup cy, ils n'en reviendront pas. — Magicienne consultée sur la Révolution de 1790. — Dédié aux généraux de toute armée antipatriotique.

4 pièces col.

227. Assemblée Nationale ou Ecueil des Aristocrates.

Pièce coloriée. **Rare.**

228. Rencontre de M. de Mirabeau et de Mme de Villeroy. — Un sans-culotte, instrument de crimes (2 ex. dont 1 n.). — Prompte arrivée des denrées coloniales. — Les Joujoux de Georges. — Conseil extraordinaire tenu par les missionnaires. — Le Curé de St... ou va-t'en au diable — Mais combien son enfance a de droits sur les cœurs ! — C'est ainsi que l'on punit les traitres. — Le Bref du Pape brûlé au Palais-Royal.

10 pièces dont 9 col.

229. Le maître de danse des Aristocrates. — Tôt, tôt, tôt, battez chaud. — La Graine de niais. — La Fortune du Jour de l'an. — L'Aristocratie démasquée. — La Rage, le Désespoir, l'Envie. — Le petit Condé. — C'est ainsi que la terre, etc. — Le Marchand d'argent bâtonné. — Messieurs Delaunay, Flexelles, etc., voudraient passer jusqu'aux Champs-Elysées.

10 pièces col.

230. L'Aristocrate à l'agonie. — Le Déménagement du Clergé. Les Deux diables en fureur. — Pitt à la découverte. — L'Enrolement de trois Religieuses. — Au voleur, au voleur, à l'assassin. — Allégorie dédiée au Tiers-Etat. — Décret de l'Assemblée Nationale qui supprime les ordres religieux. — Les Efforts patriotiques. — Les Singes indépendants.

10 pièces col.

231. Les Anglais chassés de la Grenade. — Ménagerie nationale. L'Ane comme il n'y en a point (*noir*). Lequel faut-il donner (*noir*). — Départ du général parisien pour la fameuse nuit du 5 au 6 oct. (*4 p. en noir.*). — La Vendée venant d'accoucher de 200.000 garçons.

9 pièces dont 3 col.

232. Mort de Louis Capet le 21 janvier 1793.
Superbe pièce coloriée.

233. Bombardement des Couronnes de l'Europe. — Que faites-vous là? etc. — Balance éligible du Marc d'Argent. — Vous m'avez connu trop tard. — Bombardement de tous les Trônes de l'Europe. — Quel est donc le seigneur Véto. L'Aristocratie mourante. — Dansons la Carmagnole (*en sanguine*). — Le Vieux médecin. — Froc pour troc.
10 pièces col.

234. Que faites-vous ma fille? — Les deux ne font qu'un. — Déclaration des droits de l'homme. — Grande chasse aux grenouilles. — Robespierre amené blessé dans l'anti-salle du Comité de Salut Public. — Vive le Roi, Vive la Nation. Mais tous ces personnages sont vivants. — C'est ainsi qu'on se venge des traitres. — Homme du peuple. — Système astronomique de la Révolution.
10 pièces dont 7 col.

235. Il ne nous reste que la fumée. — La Liberté des Entrées (*noir*). — C'est inconcevable, tu n'es pas reconnaissable (*noir*). — Le Corps politique de l'Etat (*noir*). — L'Epouvantail inutile. — Le Télémaque moderne. — Pitt et le Roi de Suède consultant le docteur Gall. — Les Extrêmes se touchent. — Le Canon d'alarme pour rire. — Bah! vous aussi.
10 pièces dont 7 col.

236. La Compagne officieuse. — Pharmacien en demi-fortune. — La casse tête omanie. — La Justice d'ici-bas. — Les Malheurs de la vaccine.
5 pièces col.

237. Le Procès verbal. — Les Rats de cave en désarroi. — L'Incomparable et unique Barnaba. — La Pudeur alarmée. — Le Lever des papas.
5 pièces col.

238. Il la gobe. — Chacun son tour. — La Belle décidée. — La Veillée villageoise. — Le Mât de cocagne.
5 pièces col.

239. Je promène ma petite famille. — La Famille décrépite en promenade. — Les Sentinelles en défaut. — Le Portier. — La Chute dangereuse.
5 pièces col.

240. Les Etrennes de 1822 ou la Pipe Touquet. — Les Femmes maîtresses. — Pièce sans légende. — Eh vite à Tivoli! Le Bain économique.

5 pièces col.

241. Le Décrotteur distrait. — Honni soit qui mal y voit. — Le Lendemain de médecine. — Deux contre un. — Marchons il est temps.

5 pièces col.

242. La Grosse caisse de l'Europe. — Du courage, en avant marche. — Quelques scènes du bal masqué (1830). — Caricatures allemandes (6). — Mayeux, jongleur, équilibriste (12).

5 pièces col.

243. Le Docteur Gal...imatias. — Le Gastronome après-diner. — Les invisibles du commerce volant à la Bourse. — La Provision échappée. — Le Perruquier aux aboyes.

5 pièces col.

244. La Soirée orageuse. — L'Eclipse. — Mr du Hasard, le Fataliste. — Terrible effet d'une queue plombée. — Monsieur crouton dans son atelier.

5 pièces col.

245. L'Amateur de tableaux en extase. — Les Journaux. — Insulter un homme en charge, le traiter de ganache, etc. — L'Auteur sifflé. — L'Anomanie.

5 pièces col.

246. Le Savant d'autrefois et le savant d'aujourd'hui. — Le Poliphage Jacques de Falaise. — Monsieur Ragotin avec sa servante. — La Bête venimeuse. — L'Aspirant chez son tailleur.

5 pièces col.

247. Le Déjeûner du dimanche. — Oh! qu'il fait chaud. — Le Jugement de Pâris. — Brise-Fer capitaine. — Pauvre petit bouchon, tu ne languiras pas longtemps.

5 pièces col.

248. Le Retour des visites. — Suite effrayante des fréquentations du sérail. — Les Avances inutiles. — Monsieur Martinsec et sa famille. — La Cocotte à la mode.

5 pièces col.

249. Le Marché à la volaille. — L'Ouverture d'un bal. — Grande Distribution de vin. — Nous sommes sept. — Les Inconvénients des marchés de campagne.

5 pièces col.

250. Apparition de la fameuse comète de 1811, vue du quai de la Vallée. — La Comète (*en noir*). — Le Grand diable d'argent. — Grande querelle entre le mari et l'épouse, à qui portera la culotte. — Un Quart d'heure de récréation, au Mexique.

5 pièces dont 4 col.

251. Ils tournent selon le vent. — Entrée. — Sortie (2 lith.). — Portrait au naturel du fameux Juif Errant. — L'homme mourant.

5 pièces col.

252. Les vapeurs. — Toujours des catastrophes. — Les Décroteurs artistes. — Amour et Misère. — Les Embarras de la rue des Lombards.

5 pièces col.

253. La Vénus Hottentote. — Le Pélerinage à Jérusalem. — L'étudiant dans son intérieur au mois de janvier. — La Confrérie des Cornards. — Assemblée universelle de la grande Société des Cornards au Tribunal des Cocus.

5 pièces col.

254. Cavalcade de Lonchamp. — Le Boléro. — Le café du Bel-Air ou les Gourmets du Pont-au-Change en jouissance. — La tête d'une femme. — Qui se ressemble s'assemble.

5 pièces col.

255. C'est bouffe la balle. — Les Tours de force en 1812. — Les anciens Amis de collège à la promenade. — La petite loge ou l'archifou. — Les Officieux (*Loge aux Variétés*). — Chut ! chut ! son altesse est affaissée (*Loge à l'Opéra*).

5 pièces col.

256 — Le Cheval fondu. — La Pèche du poisson d'avril. — Pompe funèbre de ma tante Urlurette. — Le Marchand de ridicules. — Le grand Dardanus et ses capitaines de recrutement. — Remède universel.

6 pièces col.

257. Gourmandinos de son Seigneur. — Sortie au pas de charge. L'Accord parfait. — Le Plaisir (*2 ex.*). — A Versailles, A Versailles.

6 pièces col.

258. Les Habits retournés. — Salut au dindon. — Suite de la promenade au Palais-Royal. — Dans le sac. — Promenade à jeun. — Ma tante Urlurette.

6 pièces col.

259. Promenade au Palais-Royal. — Digestions fameuses ou les 2.700 pas dans les Galeries du Palais-Royal (en noir). — Sancho-Pança démonté. — Pair ou non? — Le Retour de la chasse au culs blancs.

5 pièces dont 4 col.

260. Travaux d'Aigleville capitale des Etats de Marengo. — Le lys et la violette. — La bonne charge (*Souvenir de 1815*).

3 pièces col.

261. Le Colin-Maillard. — La Bascule. — Le Départ précipité et le Retour imprévu. — L'Emjambée impériale. — Je reprends mon bonnet et je te laisse ta calotte.

5 pièces col.

262. C'est la casquette à papa. — Une visite à l'Ile d'Elbe ou l'embarras de la toilette. — Fuite précipitée ou les Lièvres en campagne. — Nous rentrons chez nous. — Les Préfets et les Maires l'ont regardé passer.

5 pièces col.

263. Son nom paraîtra dans la race future. — Les lanciers polonais par Pradel, vieux soldat. — Le Coup de pied de l'âne.

3 pièces col.

264. Camarades je vais chercher du renfort. — Cinquième et dernier tour de passe-passe ou le grand Escamoteur escamoté (*2 ex.*). — Le Printemps ou le Retour de la violette. — Qui trop embrasse, mal étreint (*2 ex.*).

6 pièces dont 5 col.

265. Les Châteaux en Espagne. — Ils viennent se brûler à la chandelle. — Sur les frontières de Luxembourg au poste appele de ce nom... — Le baiser de Judas (Rencontre d'Augereau et de Bonaparte près de Valence) (*2 ex.*)

5 pièces col.

266. Testament de Buonaparte. — La violette chiffonnier. — Buonaparte au Mont-St-Jean, fait usage de son talisment (*2 ex.*). — Le coup de peigne ou la Toilette avant le départ pour Sainte-Hélène.

5 pièces col.

267. Enfin Bonaparte mit à exécution son projet de descendre en Angleterre (*2 ex.*). — Je fume en pleurant mes péchés. — La lumière du XVIIIe siècle ou l'Art d'éclairer les hommes à la manière des tyrans.

4 pièces col.

268. Dieu soit loué, le diable l'emporte. (*Cette caricature représente Bonaparte, à cheval sur un* **diabolo,** *lancé dans les airs*).

1 pièce en larg. col.

269. La Ruine du fabricant de cire !... — Le Père la Viollette chiffonnier ou des placets comme s'il en pleuvait. — L'Olive de la paix en vain lui fut offerte, il suit l'ambition. — Acte additionnel aux folies du héros.

4 pièces col.

270. La Chute du Titan moderne. — Le Tigre enchainé. — Autant en emporte le vent (*3 ex.*). — Le Robinson de l'Ile d'Elbe.

6 pièces col.

271. La Dernière chûte. — Le Geai dépouillé de ses plumes empruntées. — La Ménagerie de la rue Impériale. — L'Homme bas et rampant. — Napoléon au long nez. — L'ex-sénateur. — Le Commencement et la Fin (2 P.). — La Crise salutaire.

9 pièces col.

272. O ! le grand sot. — Les trois Fédérés (*2 ex.*). — On dit... et toutes ses influences. — Origine de l'Etouffoir impérial. — Réveil de Pitt ou la Goutte remontée. — Rêve de Pitt.

7 pièces col.

273. Cour martiale assemblée pour juger un déserteur de la Grande Armée. — Et l'on revient toujours à ses premières amours (*2 ex.*). — Du bas en haut, ou le Titan nouveau. — La Dernière cuvée (*2 ex.*). — Le Dernier élan d'un grand homme.

7 pièces col.

274. Le Diable l'emporte. — Dernier efforts du Nain jaune pour soutenir Nicolas (2 ex). — Le général Jacot ayant juré qu'on ne l'emmènerait pas vivant à Sainte-Hélène... — C'est aujourd'hui la Saint-Lambert, qui quitte sa place la perd (2 ex. dont 1 en noir).

6 pièces dont 5 col.

275. Arrivée de Napoléon dans l'Ile d'Elbe. — Voyage à l'Ile d'Elbe. — Général sans pareil. — Feldmarschall Bianchi's Feldzug in Italien. — Der neue Robinson auf der einsamen Ratten Insel im Süd-Meere St-Helena genannt.

5 pièces col.

276. Caricatures en noir (*grav.*) relatives à **Napoléon Ier** et publiées en **Allemagne** vers **1820**.

Album in-4° obl. demi-rel. contenant **31** pièces rares et curieuses ayant été longtemps prohibées en France.

277. Serrement de nez (**Ney**), je jure que ça sent la violette (2 *ex.*). — Talma donnant une leçon de grâce. — Le Départ et le Retour. — Cri de Paris. — Le Promethée de l'île Sainte Hélène (2 *ex.*).

7 pièces col.

278. Où peut-on être mieux qu'au sein de sa famille. — Le petit homme rouge berçant son fils. — Tenez-le bien. — L'Antigone moderne. — Le Casse cou. — Le Grand pêcheur. — Saute pour le Roi. — Je mange un fameux fromage. — Alors je perds ma couronne (*caric. allemande*).

9 pièces col.

279. Le Courrier du Rhin. — Chute du Tyran. — C'est la cravate à papa. — Le vieil amour ne brûle pas (*caric. allem.*) — Jaloux de leurs plaisirs, épiant chaque geste. — Magidal Print (*portrait double face*). — Vera immagine del conquistatore (3 P.).

9 pièces col.

280. Le Tigre écrasé (2 *ex.*). — Ah ! papa tu t'es fait bien du mal. — Le Jour de barbe (2 *ex*). — Le Sire-Conscrit dans l'Ile d'Elbe. — L'Ecolier battant la retraite devant son maître. — Ah ! mon Dieu, papa comme tu es rempli de poux (2 *ex.*). — Ah ! papa, les belles bulles de savon (2 *ex.*)

11 pièces col.

281. La France outragée (2 *ex.*). — Le Départ du petit caporal. — Qui trop embrasse, mal étreint. — Bonaparte au bain (2 *ex.*). — Nicolas cœur de tigre. — Départ pour l'Ile d'Elbe. — Le Déserteur.

9 pièces col.

282. Les habitants de Saint-Hélène prenant la fuite à la vue de leur nouveau Souverain (2 *ex.*). — C'est à qui n'en veut pas, même jusqu'aux rats. — Serpent d'Afrique sous les armes. — Dernière demeure de Nicolas Buonaparte (2 *ex.*). Le Tyran démasqué.

7 pièces col.

283. Le Volant corse. — Le Jeu du lapin.

2 pièces col.

284. Arrivée de Nicolas Bonaparte aux Tuileries, le 20 mars 1815. — Grand nettoyage pour la rentrée du Roi (2 *ex.*). — L'homme rouge arrête les derniers efforts du tyran. — Journal de l'Empire ou des Débats suivant les évènements. — La Consultation.

6 pièces col.

285. Proposition de constitution aux habitants de Sainte-Hélène par l'ex-Empereur et Roi. — Buonaparte prêt à s'embarquer. — Le Songe où il est un Dieu vengeur.

3 pièces col.

286. Arrestation et mort de Robespierre.

2 pièces en noir.

287. Le Peuple sous l'ancien régime. — Camarade, à ton tour la demi-solde. — Paix fidèle. — Dumouriez diwing in state at St Jame's on the 15 of may 1793.

4 pièces dont 3 col.

288. Explanation of the arm of Napoléon Bonaparte. — Le Génie de la France renversant le Grand éteignoir impérial. — La Justice et la Vengeance divine. — Le Crépuscule.

4 pièces col.

289. La Balance politique. — Fin du procès ou heureux accouchement d'une souris. — Funeste mort d'une puissante renommée. — L'émétique littéraire.

4 pièces col.

290. Crédit est mort, les mauvais payeurs l'ont tué. — Le double piège ou Fillette garde bien ton argent, ton honneur; car l'un vise à la bourse et l'autre vise au cœur. — L'Incomparable et unique Barnaba.

3 pièces col.

291. Les Quadrupèdes. (16 *fig. d'animaux*).

2 pièces col.

292. Ils disent que j'ai perdu ma couronne et je l'ai dans ma poche. — Argent bien placé ! — La Danse du sabot. — Le Barbier de l'Ile d'Elbe. — L'Auteur affamé dit M. Boursouflé de Maison ferme. (*Critique contre Chateaubriand*).
5 pièces col.

293. Et vite, et vite, sortez de votre gand. — Les trois manières de voir. — Le Poupard anglo-français haranguant son état-major le 19 mars 1815. — Le Départ.
4 pièces col.

294. L'Antigone française. — La Mauvaise charge. — La Bonne charge (2 *ex.*). — La Demande ridicule.
5 pièces col.

295. Black ass it cause of his fall (*l'une noir est cause de sa chute*) (2 *ex.*). — Gouvernement paternel (2 *ex.*). — Nous le soutiendrons. — Le moment fatal approche.
6 pièces col.

296. Le Retour d'un roi puissant. — M. le Baron des Serments à l'audience ministérielle. — Quand on a trop pris, il faut rendre. — Le Coup de griffe. — Ah quelle crise ! Le Conseil de famille.
6 pièces col.

297. Le Porte-faix. — Le Deshabillé (2 *ex.*). — Ils sont à Gand comme à Paris. — L'Oiseau envolé. — Casse-gueule fédéré.
6 pièces col.

298. M. de la Rodomontade. — L'Ouragan de mars. — Il est arrivé, sauvons-nous. — Hé ! hé ! vite, hé vite, il arrive. — Camarades je vais chercher du renfort. — Sauve qui peut.
6 pièces col.

299. Le Coucher de la basse-cour. — Le Don Quichotte du Midi. — La petite Croisade de 1815 (2 *ex.*). — Le gros Thomas, habile opérateur arrachant les dents au fameux tigre. — Une plume et l'hôpital !
6 pièces col.

300. Point d'hommes ici ! voilà le mot d'ordre (*Athénée des Dames*) — Le Télégraphe. — Bertrand avec Raton. — M. Tout à tous. — Plan de campagne du duc de Cambridge. — Le Marchand de girouettes.
6 pièces col.

301. Les Aspirants au service. — Il ne faut pas se défaire de ses vieux habits. — Les Pieds de nez. — Le Départ, le Séjour l'Arrivée d'un émigré (*2 ex.*)

5 pièces col.

302. Le Vœu des Quatre Ages, Vive le Roi. — Attaque générale. — Les Journaux en mai 1815. — La France poursuivie par les bonnets rouges et les éteignoirs. — Français, plus de division.

5 pièces col.

303. Justice rendue au courage. — Le Marché conclu ou la Capitulation. — Le Cauchemar ou Jeu-Jeu, Jeune homme, prends ces gou, gou, gouttes. — L'Homme à deux faces. — Les Deux Rivaux.

5 pièces col.

304. L'Ultra désespéré devant la Charte. — Vive le Roi ou les Spéculateurs et les Politiques en défaut. — La Girouette politique et littéraire. — Le Cheval lié de cinq louis.

4 pièces col.

305. Le Déménagement des moines de Madrid aux approches des Français. — Productions de l'Eteignoir du bon sens. — Ce qui vient du rifle retourne en rafle. — Tenez-vous bien M. l'abbé. — La rencontre inattendue.

5 pièces col.

306. I s'arrivent... i sont tous frais. — Fin d'une session. — Le tape-cul politique. — Sic itur ad astra. — La Fantasmagorie de l'Odéon. — Les Ultras en jouissance. — Les Amours du prince Lagobe.

7 pièces col.

307. Le Veau d'or. — La Reconnaissance de deux amis. — Désespoir de M. le marquis de Décline-en cour (*2 ex.*). — L'Aspirant Maréchal de France apprenant l'art de la guerre. — Grand aumonier de l'Ordre de la Girouette et de l'Eteignoir.

6 pièces col.

308. Place! Place! — L'Aspirant. — Le Nouvelliste sans argent. — Le Sermon d'un missionnaire. — Je voudrais qu'en ce jour on nous eut accordé le sang... — A bas la calotte!!! (*2 ex.*). — L'Indisposition de Gilles.

8 pièces col.

309. Le Serpent et la lime. — Royal picuite partant pour la gloire. — Le Jeune gobe-mouches. — Le Bon royaliste. — Il faut dégorger (2 ex.). — Monseigneur de Parchemin. — La Girouette.

8 pièces col.

310. L'Ecclésiastique réfractaire. — Ils ont chaud. — Le Modéré ou l'avocat du peuple. — Le Postulant. — Le Retour en Angleterre. — François II partant pour la guerre. — François II revenant de la guerre.

7 pièces col.

311. M. Ginguet du servage. — L'Espoir chimérique de M. de la Flamberge. — Volontaire maraudeur (2 *ex.*). — Le Valétudinaire. — Les Deux moniteurs ou, qui rira bien qui rira le dernier. — Comme on fait son lit, on se couche.

7 pièces col.

312. Les trois classes des hommes monarchiques immobiles.

3 pièces col.

313. M. de la Jobardière arrive à Paris. — M. de la Jobardière de retour dans son manoir. — Déjeûner frugal de M. Aricot sec, cousin de la Jobardière. — Réveil de la Jobardière. — M. de la Jobardière, marquis de Terre en Cour, dessiné d'après nature, le 20 mars 1815 (2 *ex.*).

6 pièces col.

314. Marie Charlotte ou la Guenon des Deux-Siciles s'enfuyant de Naples avec le moine Morus qu'elle tire par son cordon. — Die Politiker. — Caricatures européennes. — Sauve qui peut. — Qui veut trop prouver, ne prouve rien. — Le Bon temps revenu (*en noir*). — Pomme de l'Isère ou de la discorde. — Tout à tous (*en noir*).

8 pièces dont 6 col.

315. Aux braves morts le 18 juin 1815 (*en noir*). — Le Minotaure corse. — Costumes d'Officiers Généraux Prussiens. — Costumes d'Officiers Généraux Russes.

4 pièces dont 3 col.

316. Dieu protège la famille royale (*en noir*). — Les Quatre fins de la Poire (*en noir*). — Intérieur de la Chambre des Députés. — Les Sept péchés capitaux. — Cris de Paris.

5 pièces dont 3 col.

317. Les Amateurs de plafonds (*col.*). — De grâce, sublime Empereur. — Le Café politique. — Programme.

4 pièces dont 3 pièces en noir.

318. Sujets lith. d'après **Orlowsky**. — Complainte sur Fieschi le Régicide (*2e éd.*). — Mort de Napoléon le Grand (*Imagerie*) — Les Anglais en goguette ou Partie carrée. — The Reception of the Diplomatique a his suite, at the court of Pekin. — Honni soit qui mal y voit.

6 pièces dont 5 col.

319. Le Coup de vent.

Belle pièce col.

CARICATURES ANGLAISES

320. L'Anglais tourmenté du mal de mer. — Les Anglais au canal de l'Ourcq. — Les Anglais de 1814 (*2 ex.*). — Lord Iginal faisant sa motion. — Lord tolan prenant sa leçon de danse.

6 pièces col.

321. Délibération à l'anglaise. — Doucement, moi il être un milord. — Les Boxeurs (*pl. n° 3*). — Les Anglaises de 1814. — Cauchemar de George. — Tant va la cruche à l'eau. — La Jolie parisienne dans l'embarras du choix.

7 pièces col.

322. L'après-dinée des Anglais (*Pl. n° 2*). — La Pétarade. — L'Ambition dévorant l'Angleterre. — Amusements des Anglais à Londres (*Pl. n° 2*). — Les Dames anglaises après-diné (*Pl. n° 1*). — Les Anglais en Bourgogne (*Pl. n° 5*). — Savés vous bien, M'sieur, qu'on s'coupe la gorge pour ces choses-là. — Amusements des Anglais à Paris (*2 ex.*) — Milord Pouffe.

10 pièces col.

323. Le Blanc et le Noir. — Exercice des recrues anglaises. — Comment s'en tirera-t-il? — Une cantinière anglaise. — L'Anglais en bonne fortune. — Réunion de dames anglaises — Anglais à la promenade. — Mylord Plumpudding avec lady Arrhée. — Mylord Lingot prenant un abonnement d'amour.

9 pièces col.

324. Goddem ! vous pas pouvoir jouer juste. — Mylord Pouffe chez Coupon tailleur. — Milord Sucre en visite. — Lecture du Décret impérial concernant le Blocus. — Goddem ! obé havé enterré dans mon bierre (*sic*) moi-même avant pour être sûr. — La Toilette d'un Anglais. — Famille anglaise en voyage. — Côté des hommes. — Côté des femmes. — Guillot effrayé.

10 pièces col.

325. Rêve de l'Empereur des Russies. — Proving the weight of a crown. — Auction extraordinary that is to say. — Modern plays. — Der himmel entris mir die welt (2 ex.). — Die auspfandung. — A political fair. — Political Dandies. — Squatting plump on a unsuspected *cat* in your chair!!

10 pièces col.

326. Bitter Fare. — A Monkey merchant. — After Sveet Meas comes sour sauce or corporal, etc.

3 pièces col. sig. **Rowlandson**.

327. The Horticultural fate dedicated to the Ramier family. — Catherine II donnant congé à François et à Brunswick le foireux. — A National characterister. — The last scène of the managers Farce (**noir**). — Count Vincenza on his Travels from Krasnoi to Paris. — Frensch teatry Reviewed (noir). — The New method of bear baiting. — The bone of contention or the English Bull Dog — Take care of your pockets a hint for the orthodox. — Taming of the shrew.

10 pièces dont 8 col.

328. A Dalme Tian. — The Turkey at bay. — Welcome Home. — State of the giraffe. — John Bull a the. — Arch-itect wot Build's the arches. — Alas ! Poor Iohnney ! — The cad to the man wot drives the Sovereign. — Matrimonial infelicities. — The Guard wot looks arter the Sovereign. — Quacks from Church, etc.

10 pièces col.

329. Take up your bedand Walt ! ! ! — The nurse, child, and Plaything. — The Slap up swell wot, etc. — Peel, Peel, Swan river peel ! — Old nic the covvey wot drives the Bexley van. — Civil war. — The great joss and his Playthings. — Published by Order of the society for Constitutional Information (*noir*). — The Th... e in danger. — King Henri IV (2 ex.).

11 planches dont 10 col.

330. The high a Mighty Queen receiving an address from the most Loyal Subjects in the world. — Druming ont-or Making an example of a Mutineer. — Making decent or preparing for St-Georges Day. — Eunuchs attending a Circassian Beauty in the Bath. — Majesty a Grace. — The promenade or a shetch for Windsor-plate. — Recruiting Party. — A Political reflection. — The pillard of the state or John Bull, etc. — A head for the cabinet.
10 pièces col.

331. The interview. — The two journals. — The end of Parliament (*noir*). — M. Nicholson attempting to assasinate his Majesty (*noir*). — The presentation of Dollalolla. — The opening. — One of the tenth. — Arrival of the Liliputien Queen of the *Portis Geese* ! !. — John Bull's complaint to the public Schoolmastér. — The Blessings of Military law-givers. — The Democracy of France.
11 pièces dont 9 col.

332. The Martyr of Eguality, Behold the progress of our System.
1 pièce col. — **Rare**.

333. Imperial Salute or invitation to peace rejected.
1 pièce col. — **Rare**.

334. A limited monarchy. — An unlimited Democracy. — The Republicain-Attack. — The contrast, 1793. — Political chemist and German Retorts. — Patriots amusing themselves. Le Chef de la grande Nation dans une triste position (*noir*) — L'Infanterie française en Egypte. — An irish Howl. — Dumourer a his aid du camp on full march, etc.
10 pièces dont 9 col.

335. French-Télégraph making Signals in the Dark. — The Caneing in conduit Street. — Nap nearly Nab'd. — A scene in the island of Elba. The Moek Phœnix. — A Review of the New Grand Army. — A Rare acquisition to the Royal menagerie. — Retireing from bussness.
8 pièces col.

I. LIVRES, BROCHURES

JOURNAUX POLITIQUES ET SATIRIQUES

PLACARDS, AFFICHES, PAMPHLETS, CHANSONS

MONARCHIE DE JUILLET

ET

RÉPUBLIQUE DE 1848

---

336. **Alboize** et **Ch. Elie.** — Fastes des Gardes Nationales de France. *Paris, Goubaud*, 1849, 1 vol. in-8, demi-rel. chag. (*Grav. noir et col.*)

337. **Brochures.** — Réunion d'environ 150 brochures sur les évènements politiques de 1848 à 1850.

Ces brochures de tirage de l'époque, classées et réun. dans des portef. ou des dossiers annotés, sont pour la plupart de toute rareté.

338. **La Caricature.** — Journal Satirique, Scénique, etc. Du 4 nov. 1830 au 27 août 1835. 6 vol. in-4, demi-rel. chag.

Exemplaire ne renfermant que 482 Planches n. et col. incompl. de titres et tabl.

339. **Idem.** — 2 mai 1833 au 24 avril 1834 (*lacunes*). 69 pl. n. et col de **Daumier, Decamps, Traviès**, etc. *En liv. dérel.*

340. **Le Caricaturiste.** — Du n° 1 (*3 Juin 1849* au n° 57 *30 Juin 1850*). Dess. de **Quillenbois** et autres. 1 vol. in-4°, cart. (*complet*).

341. **Chansons** morales, politiques, satiriques, etc., ayant parues en 1848.

Import. réun. de chansons classées dans 3 **portef**. in-4. dem.-reliure.

342. **Charivari** (Le). — 1832 à 1841 inclu. *22 vol. in-4°, dem.-rel.* — 1848 à 1851 inclu. et 1866, *en nos*. — 1870-1871 (**en partie**) *en nos*. — **Charivari Album** (sur la Guerre du Transwaal), *en nos*.

343. **Desaugiers.** — Le Terme d'un règne ou le Règne d'un terme Relation véridique écrite en forme de pot-pourri par Desaugiers. *Paris*, 1815, 1 plaq. in-8°, demi-rel. toile.

344. **Journal** (Le) **pour rire.** — Années 1847 à 1855 inc., *9 vol. in-f° et in-4°, dem.-rel.*

345. **Lireux.** — Revue comique. *Paris*, *Dumineray*, 1849, 2 vol. in-8°. — L'Assemblée comique, 1850 (*avec les Grav. hors texte*). — Revue rétrospective des évènem. polit. de 1830 à 1848. — *Ens. 3 ouv. en liv. réun. dans 5 portef. in 8°, dem.-rel.*

346. **Lorentz.** — Louis Philippe ex-roi des Marionnettes ou Polichinel devenu philosophe. *Paris, s. d.*, 1 vol. in-8°, br. couv. (Piqûres).

347. **Idem.** — Polichinel, ex-roi des Marionnettes, devenu philosophe. *Paris*, *Willermy*, 1848, 1 vol. in-8°, cart., ébarb. Exempl. lavé (*Fig.*).

348. **Mélanges.** — Histoire et politique de la famille d'Orléans (1853). — Voyage en Icarie. — Le Rivarol de 1842. — Purs et Impurs. — Curiosités Révolutionnaires. — Révolution de Juillet 1830. — L'Hôtel des Haricots. — Curiosités et indiscrétions. — Poésies nationales de la Révolution (*fig.*) Nouvelle Nemesis. — L'éternité par les Astres par **Blanqui.** — Revue rétrospective, etc. — Ens. 13 vol. et plaq. rel. et br.

349. **Monnier** (Henri). Lafontaine en 1831 ou les Métamorphoses du jour. *Paris*, *Delaunay*, 1831, 1 vol. in-8°, demi-rel.

350. **Musée de la Caricature en France.** *Paris*, 1834, 1 vol. in-4° demi-rel. (214 *Pl. n. et col.*).

351. **Idem.** — Les n°s 1 à 34 en liv.

352. **Saulcy.** — Souvenirs numismatiques de la Révolution de 1848 ou Recueil complet des médailles, monnaies et jetons qui ont paru en France du 22 fév. au 20 décembre 1848. *Paris*, *Dusacq*, *s. d.* 1 vol. in-4° cart.

353. **Souvenirs** de numismatique de la Révol. de 1848. *Paris*, *Rousseau*, *s. d.*, 1 vol. in-4°, br.

JOURNAUX POLITIQUES

354\. **Cabet**. Le Populaire. — De l'origine, 1841 à 1851 inc. (235 nos), *réun. dans 2 portef. in-f°, demi-rel.*

Journal devenu très rare et dont la collect. est complète, de 1841 à 1847.

355\. **Le Croque-Mort de la Presse.** — Journal bibliographique de 1848. *6 nos en 4 exempl. réun. dans 1 portef. in-f°, demi-rel.*

356\. **Joigneaux (P.).** — La Feuille du village. Journal politique. De l'origine, 25 octobre 1849 au 5 décembre 1851, *réun. dans 2 portef. in-f°, demi-rel.*

357\. **Journaux.** — Réunion importante de nos de journaux politiques ayant paru en 1848, *réun. dans 4 portef. in-4° et in-f°, demi-rel.*

358\. **Journaux.** — Réunion d'environ 2,500 nos de journaux politiques relatifs à la Révolution de 1848 et à Louis-Napoléon Bonaparte.

Intéressant groupement de journaux classés dans des portef. ou des dossiers ann. et parmi lesquels on remarque **Le Communiste, Le Républicain, Le Père Duchêne, Le Travail, La Langue de Vipère, Le Robespierre, Le Vieux Cordelier, La Commune de Paris** (*très rare*), etc.

359\. **Lampion** (Le), éclaireur politique quotidien, 1848-49. — *Nos divers réunis dans 1 portef. in-f°, demi-rel.*

360\. **Libre Echange** (Le). — Journal hebd. rédigé par **Bastiat, Blanqui, Say**, etc. (20 novembre 1846 au 13 fév. 1848). *Nos réun. dans un portef. in-f°, demi-rel.*

361\. **Napoléon** (Le). — Journal hebd. 1850 (20 nos dont ceux des 6 janv. et 19 mai), *réun. dans 1 portef. in-f°, demi-rel.*

362\. **Pamphlet** (Le). — Journal quotidien de 1848 (61 nos, collect. compl.), *réun. dans 1 portef. in-f°, demi-rel.*

363. **Peuple** (Le) de **1850** dirigé par **Proudhon.** (33 n^{os}, collect. compl.), *réun. dans 1 portef. in-f°, demi-rel.*

364. **Peuple** (Le). — Direct. **Proudhon.** Journal quotidien (206 n^{os}), *réun. dans 1 portef. in-f°, demi-rel.*

365. **Peuple** (Le) constituant. — Journal quotidien dirigé par **Lamennais** (134 n^{os}, collect. compl.), *réun. dans 1 portef. in-f°, demi-rel.*

366. **Placards**, Pamphlets, Manifestes, Affiches, etc., relatifs aux évènements politiques de **1830** à **1851**.

Environ 1,000 pièces réun. dans 1 port. in-f° demi-rel.

367. **Représentant** (Le) **du Peuple.** — Dir. **Proudhon.** 108 n^{os}, (coll. compl.) *réun. dans 1 portef. in-f°, demi-rel.*

368. **République** (La). — Année 1849 (*364 n^{os}*) complet en n^{os}. (*Liasses.*)

369. Réunion de **186** pièces, documents, brochures, journaux, placards, affiches, etc., *réun. dans 2 portef. in-f°, demi-rel.*

370. **Tribune des Peuples** (La). — Du 15 mars 1849 au 10 nov. 1849, *réun. dans 2 portef. in-f°, demi-rel.*

371. **Voix du Peuple** (La). — Dir. **Proudhon.** Du 25 sept. 1849 au 14 mai 1850 (coll. compl.) *réun. dans 2 portef. in-f°, demi-rel.*

II. GRAVURES, DESSINS CARICATURES

372. La Liberté (*Pièce de toute rareté, sig.* **A. Regnier**).

1 lith. en noir.

373. Après quinze ans d'absence, quel bonheur de te revoir. — Aux ténèbres enfin succède la clarté. (*Pièce rare.*)

2 lith. col.

374. Un Patriote expirant est porté sur le trône où il rend le dernier soupir. — Marche des troupes suisses par un gros temps. — Un Jeune homme tombe rue du Jour frappé par une balle. — Révolte à l'Hospice de la Maternité. — Les scélérats!... ils l'ont tué (*Bellangé*).

5 lith. en noir. — Lith. de **Langlumé, Villain,** etc.

375. Tirez sur les chefs et sur les chevaux. — Si la cause était bonne, y n' faudrait pas d'argent pour la défendre. — Les Munitionnaires du 28 juillet.

3 lith. en noir sig. **Raffet** (Gihaut, édit.).

376. Procession du mardi-gras, 1831. — Place! Place! le clergé et la noblesse passent (noir). — S. A. R. le duc d'Orléans embrasse le général Lafayette. — Le Roi citoyen ou Louis-Philippe Ier allant passer la revue de la Garde Nationale. (*Ces 2 pièces col. sont rares*).

3 pièces dont 2 col.

377. Expressions différentes. — Je ne suis pas digne de régner. — A c'te niche. — Le roi absolu. — Il mange avec des lys. — A ton tour pailaisse. — Avant, pendant, après. — Braves soldats, combattez pour moi, je me sauve! (*imité d'une caricat. faite en 1815 contre Napoléon par les Royalistes*). — Ah! si j'avais ce qui te manque! (*2 ex.*).

10 lith. en noir.

378. Les Gueusards, ils me laissent tout sur le dos. — Pour le Comité directeur. — Corbleu, j'ai vu le p'tit caporal dans la même position. — Le Dîner à l'auberge. — Pas d'observation Antoine (*2 ex.*). — L'Oie royale. — Mes Serments... bagatelle (*2 ex.*). — Le Dindon (*2 ex.*).

11 lith. en noir de chez **Aubert**, **Martinet**, **Ratier**, etc.

379. Il existe des remords. — Antoine nous ne sommes pas blancs! — Le Canard. — Le Fils. — Quand le diable devient vieux. — Chasse à la grande bête. — Casse-cou. — Mon cher collègue, j'ai longtemps réfléchi. — Voilà de fameux cornichons. — Au Suisse. — Harpie chassée de la forêt de Rambouillet (*2 ex.*)

11 lith. en noir de chez **Aubert**, **Gobert**, **Langlumé**, **Martinet**, etc.

380. Leur Oie. — Brisez vos machines (*2 ex.*). — Est-ce que les lapins se douteraient que je ne suis plus roi. — Pour la troisième et dernière fois, c'est bien vu, bien entendu (*2 ex.*). — Votre assistance s. v. p. pour l'amour de Dieu (*2 ex.*). — Un troupeau d'oies conduit par un jars. — La Chasse aux canards. — Le Corbeau honteux et confus. — Les Capucins de cartes.

12 lith. en noir de chez **Aubert**, **Langlumé**, **Lemercier**, **Villain**, etc.

381. Essayons sans balancier (*1 p. col. et 1 n.*). — Un Désespoir. — Nous en ferons des reliques (*2 ex.*). — Il fait ses réflexions. — La Silhouette. — Mille bombes! prenez-la donc, sire. — Le xve siècle ressuscité (*1 p. col. et 1 n.*). — Intérieur d'une cave pendant les journées des 27, 28, 29 juillet 1830.

11 lith. de chez **Aubert**, **Genty**, **Martinet**, **Ratier**, etc.

382. Ecole de l'ex-roi. — Les Pieds de nez (*1 p. col. et 1 n.*). — Ils ne sont pas polis du tout! (*1 p. col. et 2 n.*). — Un Triomphe (*2 ex.*). — Antoine, ça m'écrase. — Adjudication définitive de l'entreprise. — Le Baron Collu et son parapluie (*2 ex.*). — Ce qu'on a vu et que l'on ne reverra jamais, (*cette lith. n'a été tirée qu'à 15 exempl.*).

13 lith. de chez **Ardit**, **Mendouze**, **Martinet**, etc.

383. Déluge de 1830 (*2 ex.*). — Au voleur, au voleur. — Le Désespoir de Jocrisse (*2 ex.*). — Jean-Jean. — Saint Charlot. — Jour de Dieu, mon révérend père. — Ils nous gouvernait en tirant. — Le grand écart (*2 ex.*). — Antoine! plait-il papa. — Coiffure à la Rambouillet. — Entrez Messieurs, il est vivant, etc.

13 lith. de chez **Aubert**, **Gobert**, **Martinet**, etc.

384. Consolez-vous mes enfants. — Ayez pitié d'un pauvre aveugle. — La Liberté les fait sauter. — A vous la balle. Prince, sans les traitres vous n'auriez jamais quitté l'Angleterre. — De arvec audientiis. — La Liberté électrise les peuples. — Rira bien qui rira le dernier. — Ça va très bien, ça va très mal. — Doctrine ministérielle.

10 lith. de chez **Gobert, Ratier**, etc.

385. Charles X est frit. — La Chasse. — Délassements d'une famille innocente. — Je ne suis pas blanc (3 *ex.*). — Je me suis consolé de reprendre le coche (2 *ex.*). — A ton tour mon vieux. — Mal de mer.

10 lith. de chez **Langlumé, Piaget, Ratier**, etc.

386. Tant va la cruche à l'eau. — Cruche dont les Jésuites se servaient. — Le prince des Osages. — Cette canaille de peuple. — J'ai gagné. — Le Barbier parisien. — Le Dernier descendant du trône d'Henri IV. — A la renommée des fameuses brioches. — Le Prince monarque. — Les Conseillers ne sont pas les payeurs.

10 lith. de chez **Langlumé, Lemercier, Ratier**, etc.

387. Comme tu pleures pauvre Jocrisse. — Intérieur d'une famille en 1831. — Souvenir historique. — Rien dans les mains, rien dans les poches. — Dupain béni *col.*). — Voyage en Autriche (*col.*). — A vous la balle ! (*col.*). — Encore un petit moment. — Adieu Budjet (*3 ex. dont 1 col.*) — Embarquement de volontaires !

12 lith. n. et col. de chez **Guerrier, Ratier, Villain**, etc.

388. L'Ex-famille Royale cherchant à se réfugier dans les... cosses (2 *ex.*). — Voulez-vous leur faire part. — Effet des boulettes. — Le Tirant. — Messieurs !... prenez ce que vous voudrez. — Où peut-on être mieux qu'au sein de sa famille. — Charles X et son Conseil. — Le Roi des veaux. — Avant, pendant et après. — Où peut-on être mieux. — Le Cauchemar.

12 lith. col. de chez **Delannois, Fourouge, Ratier**, etc.

389. Nous aussi nous sommes patriotes. — Le Solliciteur. — Drapeau de la conciliation. — Expédition d'Afrique. — Imitation du dévouement d'un porte-drapeau. — Le Nouveau système des piqûres. — ... Et pas un dîner au Ministère. — Le Dey d'Alger et Charles X. — Les Bourbons et le Dey chez les Osages. — Cornichons confits. — La Leçon de catéchisme. — Le Dauphin grand amiral de France en mer. — Le Lion et les carlins.

13 lith. col. de **Guerrier, Ratier, Villain**, etc.

390. **Lithographies** en noir et col. sur **1830**.
39 pièces.

391. Caricatures sur Charles X et le Dey d'Alger.
56 lith. en noir et col.

392. Ménagerie royale. *London*, *1831*, album in-16, br. renf.
24 caricatures en noir.

393. **Allais. — Baudet. — Bocourt. — Bouchot. — Cham. — Delacodre. — Devrits. — Durandin.**
37 pièces lith. n. et col.

394. **Daumier** (H.).
10 pièces lith. n. et col.

395. **Fellmann** (*la République*). — **Fortuné** (**L.**). — **Jouanne. — Laluyé. — Liberti. — Lièvre. — Mailly. — Mès. — Mondor de l'Aigle. — Morin. — Moynet.**
38 pièces lith. n. et col.

396. **Patrioly** (*Allégories*, *6. P.*). — **Perrot. — Plattel. — Pottin. — Préval. — Ravaillac. — Renault. — Rigobert. — — Rousselot.**
36 pièces lith. n. et col.

397. **Traviès. — Vernier. — Xavier.**
42 pièces lith. n. et col.

398. **Anonymes.**
147 pièces lith, n. et col.

399. **Hommes Politiques de 1848.** — Afre. — Albert. — Barbès. — Arm. Carrel. — Caussidière. — Cas. Périer. — Dufaure. — Dupin, aîné. — Dupont de l'Eure. — Fourier. — Lagrange. — Lamennais. — Ledru-Rollin. — Louis-Philippe. — Manuel. — Raspail, etc.
22 pièces lith. ou grav.

SECOND EMPIRE
GUERRE DE 1870-71
COMMUNE

I. LIVRES, BROCHURES

JOURNAUX POLITIQUES ET SATIRIQUES
PLACARDS, AFFICHES, PAMPHLETS, CHANSONS

400. **Amours** de Napoléon III. *Londres*, 1864, 2 T. en 1 vol. in-12 demi-rel. chag.

401. **Idem**... 2 vol. br., couv.

402. **Claude.** — Mémoires de M. Claude, chef de la Sûreté sous le Second Empire. *Paris*, *Rouff*, 1881, 10 vol. in-18, br. (*Piqûres.*)

403. **Grelot** (Le).— Journal illustré, politique et satirique. Années **1871** à **1903** incl. — **Epreuves** de caricatures (**34 p.**). — *Le tout réun. dans 33 portef. in-f°,dem.-rel.*

404. **Lune** (La). — Journal humoristique. 1865-68 (98 n^os^), *réun. dans 1 portef. in-f°, dem.-rel.*

405. **Murailles** (Les), politiques françaises. *Paris*, *Arm. Lechevalier*, 1873, 1 vol. in-8°, demi-rel.

406. **Ouvrages satiriques**. — Histoire de France tintamarresque. Histoires tintamarresques de Napoléon Ier et Napoléon III. — Le Guet-apens. — Napoléon le Dernier. — La Dégringolade impériale.—*Ens 6 ouv. en liv. réun. dans 8 portef. in-8°, dem.-rel.*

407. **Rochefort** (Henri). — La Lanterne. Du n° 1 (*31 mai 1868*) au n° 70 (*24 septembre 1869*), 15 vol. in-16, demi-rel. mar. rouge.

408. **Rogeard.** Pamphlets. *Bruxelles*, 1869, 1 vol. in-12, veau La Vall., fil. or sur les pl., dos orn., dent. int., gard. soie.

409. **Vésinier.** — Histoire du nouveau César. — Vie du nouveau César. — Mariage de la Cousine de l'Espagnole. — Le Mariage d'une Espagnole. — Ens. 6 vol. in-18, dem.-rel.

JOURNAUX POLITIQUES

410. **L'Anti-Prussien** (6 juillet au 28 sept. 1871), continué par **Le Châtiment** (29 sept. 1871 au 8 fév. 1873). *Réun. dans 1 portef. in-f°. demi-rel.*

411. **Journaux de la Commune.** — Ni Dieu ni maître (**24 n**os **div.**), Le Cri du Peuple (**83 n**os), La Patrie en danger (**89 n**os). *Le tout réun. dans 2 portef. in-f°, demi-rel.*

412. **Journaux.** — Réunion de nos divers de journaux ayant paru en 1870-71, *réun. et class. dans 1 portef. in-f°, demi-rel.*

413. **Journaux** politiques et satiriques, Placards, Pamphlets, etc., relatifs au Second Empire, à la guerre de 1870-71 et à la Commune.

Environ 2,000 pièces class. et réun. dans 7 portef. et dossiers annotés.

414. **Marseillaise** (La). — Dir. **Henri Rochefort.** Du 10 décembre 1869 (n° 1) au 9 septembre 1870, *réun. dans 1 portef. in-f°, demi-rel.*

Les numéros 1 et 151 *sont très rares.* On a ajouté une caricature au dernier numéro.

II. GRAVURES
DESSINS, CARICATURES

415. La Commune (*2 séries de portraits*). — Fleurs, fruits et légumes (*3 ex.*). — Marrons sculptés. — Le Pilori. — Nos vainqueurs (**Dess. et Aquar. par Seybots**). — *Ens. 8 alb. in-8° cart.*

416. Dessins à la plume. — Fantaisies socialistes, Charges républicaines, etc.
Environ 25 pièces non sign.

417. **Hadrot**, — La Ménagerie impériale (3 ex.). — **Léo Taxil.** — La Ménagerie républicaine. — Ens. 4 alb. de caricat. — Col. en n^os^.

418. **Morland.** — Les Deux Sièges de Paris. — Les Environs de Paris. — **Coindre.** — Paris avant et après l'incendie (*2 ex.*) — Ens. 4 alb. in-4° obl., br. couv.

419. Charges et Caricatures du Siège de Paris par **Courtoujours, Faustin, Juvénal, Klenck, Moloch, Pilotell**, etc.
105 pièces n. et col. (nomb. planch. en double).

420. Charges et Caricatures contre la famille Impériale et l'entourage de Napoléon III, par **Corseaux, Klenck, Moloch, Pilotell**, etc.
42 pièces n. et col.

421. **Caricatures, Portraits charges et Journaux satiriques** sur Napoléon III, la Guerre de 1870-71 et la Commune.
Le Bulletin de vote. — Album de Cham. — Gill Revue. — La Parodie de Gill, etc. — Caricatures d'**Alexis, Bar, Bellac, Dupendant, Faustin, Moloch, Pilotell, Saïd**, etc.

422. **Caricatures.** — Réunion d'environ 125 pièces. — Lithographies et Imageries. — Guerre de Crimée (*33 pl. col.*) — Costumes militaires et divers (*Imag. d'Epinal*). — Phénomènes du Jour par **Mailly**. — Fantaisie Album. — Diable de Paris, etc.

423. **Caricatures** sur Napoléon III, la Guerre de 1870-71 et la Commune.

Réunion d'environ 250 pièces par **Cheval. Demare. Esch. Faustin. Hadol. Jonchère. Klenck. Lafosse. Lanson. Lavrato. Moloch. Regamey. Saïd**, etc.

424. **Caricatures**, Charges, Placards, Questions, etc., parues pendant la Guerre, le Siège et la Commune.

2960 pièces (**2026** sujets différents) classées dans 20 portefeuilles in-f°, demi-rel.

Cette importante réunion de pièces classées et groupées méthodiquement comprend la plupart des pièces curieuses parues à cette époque.

Nombreuses sont ici les caricatures tirées en plusieurs états, quelquefois même accompagnées des dessins originaux ou des légendes autographes des dessinateurs. — Parmi les séries recherchées, nous citerons les suivantes signées ou attribuées à : **Andrieux**. (*Souvenirs d'un assiégé*, 30 p.). — **Belloguet**. *Pilori-Phrénologie*, 13 p.) — **Cham**. (*Les folies de la Commune*. 49 p.). — **Cham** et **Daumier**. (*Album du Siège*, 38 p.). — **Coindre**. (*Musée satirique*, 5 p.). — *Avant et Après l'Incendie*, 12 p.). — **Corseaux**. (*Audités*, 9 p.). — **Courtaux**. (*La Grande crucifiée*, 9 p.). — (**Deforet** et **César**. (*Prise de Paris*, 19 p.). **Demare**. (*Le Blagorama, Nos Impôts, Nos Vainqueurs*: 10 p.). *Il arrive, il arrive*... (PIÈCE DE TOUTE RARETÉ, *2 Ex.*).—**Deniau**. (*Les Prussiens à Paris*, 6 p.). — **Draner**. *Paris assiégé*, 31 p.) — *Les Défenseurs de la Capitale*, 31 p.). — *Les Soldats de la République*, 31 p.). — **Dreux**. (*Médailles et Revers*, 9 p.). — **Dupendant**. (*Les Châtiments*, 6 p.). — **Faustin**. (*Le Musée Homme*, 16 p.). — *Paris bloqué*, 24 p.). — *Guillotines*, 5 p.). — **Frondas** (De). (*La puce en colère*, 4 num. — *Paris incendié*, 6 p.). — **Gédeon**. (*Nos vainqueurs*. 13 p.). — **Gill**. (*Pendant le Siège*, 12 p.). — **Grognet**, éditeur. (*Série des 87 actualités*. — **Hadol**. (*La Ménagerie Impériale*, 31 p.). — **Job**. (*Les Communeux peints par eux-mêmes*, 3 p.). — **Klenck**. (*La Commune*, 76 p.). — (*Les Valets de l'Empire*, 9 p.). — **Le Petit**. (*Les Hommes de la Commune*, 16 p.). — *Fleurs, Fruits et Légumes du jour*, 31 p.). — **Mailly**. (*Le Pilori*, 31 p.). — **Marcilly**. (*Agonie de la Commune*, 16 p.). — **Martial**. (*Les Prussiens chez nous*, 12 p.). — *Les Marins de la Défense*, 16 p.). — *Paris incendié*, 12 p.). — *Paris sous la Commune*, 12 p.). — **Moloch**. (*Les Prêtres*, 29 p.). — *Les Silhouettes de 1871*, 26 p.) — *LL. EE. les Automédons*, 24 p.). — *Les Fils de Cerbère*, 19 p.). — *Paris dans les caves*, 39 p.). — **Mordret**, édit. (*Série de la Commune*, 55 p.). — **Nix-Demare**. (*Communardiana*, 15 p.). — **Pescheux**. (*Les Aventures de Sabre-de-Bois*, 24 p.).— **Pilotell**. (*Actualités*, 23 p.). — **Stock**. (*Célébrités populaires*, 13 p.) — **Tremblais** (De la). (*Désastres de Paris*, 26 p.). — *Ruines de Paris*, 19 p.), etc., etc.

TROISIÈME RÉPUBLIQUE

DIVERS

LIVRES. JOURNAUX, CHANSONS

425. **La Caricature** (Dir. **Robida**). — De 1880 à 1895 avec les tables titres et couv. illust. — *En nos*.

426. **Chansons** ayant parues de 1871 à nos jours. — Chansons sur l'Empire, la Guerre, la Commune, le Clergé, la 3e République, le général Boulanger, Wilson et autres personnages de l'Epoque contemporaine.

Importante réunion de plus de **500** pièces classées dans **5** portef. de form. div., demi-rel.

427. **La Cloche.** — Journal humoristique. — *Années 1886 à 1895 incl.* (Les années 1892-93-94 et 95 sont en double). — En numéros (*Liasses*).

428. **Journal Le Petit Havre illustré.** — Années 1899 à 1904 en numéros (*Liasses.*)

4.9. **Mélanges.** — Bismarck en caricatures. — Crispi et la Triple Alliance en caricatures. — Caricatures sur l'alliance Franco-Russe. — Ens. 3 ouv. par **J. Grand-Carteret.** — Dossier du général Boulanger. — Le Général Boulanger. — Les Coulisses du Boulangisme. — La France juive. — Mémoires du général Cluseret. — La Muse à Bibi suivie de l'art de se conduire dans la Société des Pauvres Bougres par la comtesse de Rottenville, etc. — Ens. 14 vol. in-18, br. et demi rel.

430. **Mélanges.** — Les Mystères du monde. — Les Cagots. — La Voix du proscrit *(1850-51)*. — Mémoires de Canler. — Gouvernement du 2 Décembre. — Coup d'Etat. — Expédition du Mexique. — Napoléon III — Les Châtiments. — Napoléon le Petit. — Papiers secrets des Tuileries. — Les Escholiers. — Les Idées Napoléoniennes. — Les Aigles du Capitole. — Histoire des crimes du 2 Décembre. La Badinguette par **H. Rochefort.** — La Démocratie, etc. — Ens. 30 vol. et plaq. de form. div. rel. et br.

431. **Placards.** — Pamphlets, Chansons, Caricatures, etc. sur le Général Boulanger.

432. **Revue-Comique** (La). — 1871 (nos 1 à 10), années 1882 à 1895 incl. (1883 en double). — Le tout en nos (*Liasses*).

433. **Revue-Comique** (La). — 1871 à 1895. — Tirage à part des illustrations parues dans cette revue.

Quantité de caricatures n. et col. (Nomb. pl. en doubl.)

434. **Rire** (Le). — De l'Origine (1894 à 1907 inc.). — *Les années 1894 à 1902 sont rel. en 8 vol. in-4°, cart. édit., les années 1903 à 1907 sont en nos.*

435. **Sourire** (Le). — Années 1902, 1903, 1904 en nos (*Liasses*).

436. **Touchatout.** — Le Trombinoscope (2 *ex.*). — Le Trocaderoscope. — *Ens. 2 ouv. en livr. réunis en portef. in-8°, demi-rel.*

DESSINS ORIGINAUX, CARICATURES

437. **D'Aurian, Fertom**, etc. — Réunion de 37 dessins originaux à la plume et reh. ayant paru dans *le Grelot*.

438. **Dessins originaux.** — 86 dessins et croquis de **Le Petit, Pépin**, etc., avec plus. lettres autog. des dessinateurs adres. à l'éditeur **Madre.**

439. **Robert.** — 31 pièces, Des., aquar. sur le général **Boulanger**.

440. **Caricatures** de Le Petit (Al.) et autres concernant les évènements politiques sous la IIIe République.

Environ 500 pièces réun. dans 6 portef. cart. et demi-rel.

441. Musée des Horreurs. — Imageries. — Caricatures, etc.

Lot d'environ 200 pièces n. et col.

DIVERS

PIÈCES DIVERSES DÉCLASSÉES

442. **Aquarelle.** — Les Charmes de la Solitude.

Aquarelle attribuée à **H. Daumier**.

443. **Caricature.** — Le Grand tableau de la folie, cause de la naissance du progrès et de la chute des actions et du commerce aventureux mis en pratique en 1720, en France, en Angleterre et dans les Pays-Bas ; ou recueil de tous les actes et projets de Compagnies d'assurances, de navigation, de commerce, etc., représ. par des gravures. — *Hollande*, 1720. 1 vol. in-f° (**texte hollandais**) illust. de 75 pl. grav. sur cuivre, rel. veau orné.

Collection rare et curieuse des caricatures concernant toutes les opérations de **Law**.

444. **Idem**... rel. vélin. bl.

445. **Caricatures, Portraits**, etc. — Réunion d'environ 140 grav. et litho. n. et col. sur la Monarchie de Juillet 1848, et le Second Empire.

446. Scènes de chasses anglaises, d'après **Alken** (*Réimpression*). 17 planches col. *(série incompl.)*.

447. Vues d'optiques, *100 pièces col.*

www.ingramcontent.com/pod-product-compliance
Ingram Content Group UK Ltd.
Pitfield, Milton Keynes, MK11 3LW, UK
UKHW020413180726
13839UKWH00003B/1307